Sandra Pugliese | Anna Iben Hollensberg | Charlotte Gylling Mortensen

Probiotika und Präbiotika

Powerfood für den Darm

Mit leckeren Rezepten

riva

Bibliografische Information der Deutschen Nationalbibliothek
Die Deutsche Nationalbibliothek verzeichnet diese Publikation in der Deutschen Nationalbibliografie. Detaillierte bibliografische Daten sind im Internet über https://dnb.de abrufbar.

Für Fragen und Anregungen
info@m-vg.de

Wichtiger Hinweis
Dieses Buch ist für Lernzwecke gedacht. Es stellt keinen Ersatz für eine individuelle medizinische Beratung dar und sollte auch nicht als solcher benutzt werden. Wenn Sie medizinischen Rat einholen wollen, konsultieren Sie bitte einen qualifizierten Arzt. Der Verlag und der Autor haften für keine nachteiligen Auswirkungen, die in einem direkten oder indirekten Zusammenhang mit den Informationen stehen, die in diesem Buch enthalten sind.

Ausschließlich zum Zweck der besseren Lesbarkeit wurde auf eine genderspezifische Schreibweise sowie eine Mehrfachbezeichnung verzichtet. Alle personenbezogenen Bezeichnungen sind somit geschlechtsneutral zu verstehen.

2. Auflage 2026

Türkenstraße 89
80799 München
Tel.: 089 651285-0

Die dänische Originalausgabe erschien 2018 bei Muusmann'forlag unter dem Titel *Probiotika & Præbiotika*.

Übersetzung: Julia Gschwilm
Redaktion: Dr. Kirsten Reimers
Umschlaggestaltung: Laura Osswald, Pamela Machleidt
Design: Muusmann'forlag
Hintergrundfliesen: www.firedearth.dk
Porträt von Anna Iben S.178: Camilla Hey
Satz: inpunkt[w]o, Haiger (www.inpunktwo.de)
Druck: Florjancic Tisk d.o.o., Slowenien
Printed in the EU

ISBN 978-3-7423-0652-4

INHALT

VORWORT

Überall in unserem Körper befinden sich Mikroorganismen, sie bilden sozusagen eine Schicht zwischen uns und der Welt. Ihre Anzahl ist größer als die unserer eigenen Körperzellen, und ohne sie könnten wir nicht leben. Da sie sich auf allen Körperoberflächen angesiedelt haben, stehen sie in engem Kontakt mit unserer Umwelt, deshalb sind sie ein starker Akteur, was unsere äußere Abwehr anbelangt. 95 Prozent der Mikroorganismen finden sich im Darm, und wie Sie wissen, sind Darmbakterien in den letzten Jahren ein wichtiges Thema geworden. Die Nützlichkeit von Fermentierung und probiotischen Bakterien sind bekannt, ebenso die Bedeutung eines gesunden Darmmikrobioms.*

In der volkstümlichen Medizin und der Naturmedizin ist die Wichtigkeit eines gut funktionierenden Darms schon immer bekannt gewesen. Bereits Hippokrates sah die Verdauung für die Entwicklung von Krankheiten und als Ausgangspunkt eines Heilungsprozesses als entscheidend an. Dieselbe Auffassung haben wir heute in der *Functional Medicine*, in der wir auf Basisprinzipien aufbauen, die dabei helfen, eine gesunde Darmflora zu etablieren.

Wir alle kennen die Liebe der Zentraleuropäer zu Sauerkraut und anderen säuerlichen Lebensmitteln. Auch in den klassischen Kurorten in ganz Europa hatte die Darmgesundheit schon immer hohe Priorität – nicht nur mit Ansätzen von oben, wie Ernährung, sondern auch mit Behandlungen von unten. Sie folgen derselben Logik, die hinter der Idee von Bakterienbehandlungen durch Transplantation von Fäzes (Ausscheidungen) liegt, die inzwischen auch in Dänemark und Deutschland durchgeführt werden.

Auch wenn man schon lange weiß, wie entscheidend die Bakterien, die in und um uns leben, für unser Wohlbefinden und unsere Gesundheit sind, hat man erst kürzlich mithilfe von DNA-Analysen einen detaillierteren Einblick bekommen, wer da alles das Verdauungssystem des Menschen bewohnt und was diese Mitbewohner eigentlich tun. Und langsam zeichnet sich eine etwas deutlichere Landkarte der Darmflora ab, auch wenn es immer noch viele weiße Flecken gibt und vieles noch auf Annahmen beruht. Wissenschaftlerinnen und Wissenschaftler versuchen dabei, den Weg mit Fakten abzusichern, dem die Kliniker im täglichen Umgang mit Patienten die Richtung geben.

In diesem Buch geht es darum, was die Wissenschaft zum jetzigen Zeitpunkt über *Probiotika* – die gesundheitsfördernden Bakterien in unserem Darm – und *Präbiotika*, das Essen, von dem die probiotischen Bakterien leben, weiß. Da probiotische Bakterien nur einen kleinen Teil der Darmbakterien ausmachen, die wir in uns tragen, werden wir auch auf die allgemeine *Mikrobiota* des Darms eingehen. Zudem wenden wir uns fermentiertem Essen zu, um zu erfahren, was darüber bekannt ist, was es enthält und welche heilenden Wirkungen es hat.

* *Der Ausdruck Mikrobiom wird oft synonym mit Mikrobiota verwendet.*

Noch vor zwei Generationen war es ganz normal, Dickmilch über Nacht zuhause auf dem Küchentisch selbst herzustellen. Dafür wurde Milch in einen tiefen Teller gegeben, ein paar Löffel voll Dickmilch vom Vortag kamen hinzu, und alles wurde mit einem flachen Teller abgedeckt. Schon war das Frühstück fertig. Leider ist heute vielen Menschen gar nicht mehr bewusst, was selbstgemachtes Essen für unsere Gesundheit tun kann. Das gilt nicht nur für fermentiertes Essen, sondern auch für Knochenbrühe oder selbstgemachte Hühnersuppe.

Die Fermentierung von Gemüse und Milchprodukten gehört zu den ältesten und sichersten Nahrungsmitteltechnologien, die wir haben. Aber auch wenn es ziemlich einfach ist, mit Fermentierung gute Resultate zu erzielen, kann es zwischendurch auch mal ganz anders laufen. Das passiert, wenn man es mit der lebenden Welt zu tun hat.

Das *lebendige Essen* ist es, das in diesem Buch buchstäblich vermittelt wird, Essen, das dank der leckeren, appetitlichen und lebensstärkenden Rezepte wächst und prickelt. Wir hoffen sehr, dass wir Sie mit der Neugierbazille anstecken können, die Lust macht, in der Küche zu spielen und zu experimentieren, und auf diese Weise etwas von dem Wissen und der Erfahrung lebendig halten können, die über viele Generationen vermittelt wurden.

Wir bedanken uns herzlich bei dem Apotheker und Heilpraktiker Hans-Christian Vollstedt und bei der Hebamme, Lektorin und Doktorandin Annette Dalgaard für ihre Großzügigkeit und ihr umfassendes Wissen über Fermentierung und Produktion sowie die Wichtigkeit der Mikrobiota für Schwangere, die Geburt und das Neugeborene.

Sandra Pugliese, Anna Iben Hollensberg und Charlotte Gylling Mortensen

DIE GEBURTSSTUNDE DER FERMENTIERUNG UND DER PROBIOTIKA

Fermentierung ist ein Prozess, bei dem Mikroorganismen einen einfachen Rohstoff zu einem anderen Stoff umwandeln oder transformieren, normalerweise mithilfe von Enzymen und unter anaeroben Verhältnissen, also ohne Sauerstoff. Allerdings kann Fermentierung auch in Anwesenheit von sauerstoffabhängigen Mikroorganismen stattfinden, was zum Beispiel bei der Herstellung von Weinessig der Fall ist. Andere Wörter für Fermentierung sind Säuerung oder Gärung, je nachdem, welche Art von Mikroorganismen bei der speziellen Fermentierung im Spiel sind.

Ein Fermentierungsprozess wird in der Regel von Milchsäurebakterien wie Laktobazillen in Gang gesetzt, die von Natur aus in einer Reihe von Nahrungsmitteln enthalten sind. Sie wandeln unter anderem Kohlehydrate in Milchsäure um und machen auf diese Weise das Milieu sauer. Ein saures Milieu mit niedrigem pH-Wert schafft den Nährboden für die Vermehrung der Milchsäurebakterien selbst, während es gleichzeitig andere unangenehmere Bakterien in Schach hält.

Fermentierung ist darum schon seit Langem eine Methode, um Essen haltbar zu machen; zusammen mit dem Trocknen gehört sie zu den ältesten bekannten Konservierungsmethoden der Welt. Neben der Tatsache, dass Fermentierung es den Menschen ermöglichte, leicht verderbliche Lebensmittel lange haltbar zu machen, wurden mit dieser Methode auch neue Geschmacksrichtungen und Konsistenzen erschaffen.

Wann man begann, Milchsäure produzierende Bakterien für Gemüse, Kuhmilch und andere Rohwaren zu nutzen, um Nahrungsmittel zu konservieren beziehungsweise zu präparieren, ist unmöglich zu sagen. Aber man vermutet, dass die Fermentierung zufällig entdeckt wurde – dass zum Beispiel festgestellt wurde, dass aus überschüssiger Milch am nächsten Morgen ein fermentiertes Produkt geworden war.

Archäologische Funde zeugen von Fermentierungen in der asiatischen Jäger-und-Sammler-Gesellschaft, die bis ins Jahr 8000–3000 vor unserer Zeitrechnung zurückreichen. Einige der ersten Referenzen stammen vom indischen Kontinent und aus Ägypten. Es sind unter anderem frühe Hinweise auf gesäuerte Milch, Käse, Brot, und Wein.[1] Andere Quellen sind die altgriechische Literatur und die Bibel, in denen fermentierte Gurken erwähnt werden. Man vermutet, dass sie ihren Ursprung im Mittleren Osten in der Zeit um 2000 vor unserer Zeitrechnung haben. Die ersten schriftlichen Quellen, die Fermentierung von Kohl erwähnen, findet man im *Sjijing*,[2] einer von Chinas ältesten Schriften, entstanden um 600 vor unserer Zeitrechnung.

Alle Zivilisationen kennen die Fermentation. Was fermentiert wurde, war unter anderem abhängig von den erhältlichen Rohwaren, dem Klima und den Geschmackspräferenzen der Kulturen. In Skandinavien fermentierten die Wikinger sowohl Fleisch als auch Gemüse in der Molke aus der Milch- und Käseproduktion und bewahrten das Essen in Vorratskübeln auf. Die Fermentierung sicherte, dass Beute und Ernte nicht schlecht wurden und dass man über lange Zeit robuste, nahrhafte Lebensmittel hatte.

Im ganzen Norden nutzte man die Milchsäuregärung auch bei Fisch. Man vergrub Fisch im Sand (es wird sogar berichtet, dass Fischer hinterher auf den Sand urinierten, damit der Urin als Teil der Konservierung zum Fisch hinuntersickerte), um ihn über Monate gären zu lassen. Die Schweden praktizieren noch heute eine ähnliche Art der Fermentierung von Hering, deren Resultat »Surströmming« genannt wird. Auf die Fermentierung von Fleisch werden wir in diesem Buch nicht eingehen. Einerseits weil wir denken, dass nicht alle Geschmacksknospen für diese Art von Gerichten gemacht sind. Andererseits weil der Prozess schwierig ist – es erfordert fachkundige Geschicklichkeit und einen gewissen Mut, sich an der Fermentation von Fleisch zu versuchen, da auf bakterieller Ebene viel schiefgehen kann.

Übrigens war das frühere Bier ganz anders als das klare, das wir heute kennen. Es war eher eine dicke, trübe Substanz mit einer Fermentierungsschicht von Hefezellen und Gewürzen, also eine Art lebendes suppenähnliches Elixier, das viel mehr war als nur ein alkoholisches Getränk. Es war milder als das heutige Bier, ein wichtiger Beitrag zur Ernährung, und half dabei sicherzugehen, dass die Flüssigkeit, die man trank, nicht von schlechten Bakterien verunreinigt war.

DIE ENTDECKUNG DER PROBIOTISCHEN EIGENSCHAFTEN VON FERMENTIERTEM ESSEN

Die Vorteile von gesäuerter Milch und anderen fermentierten Getränken wurden bereits 5000 v. Chr. beschrieben.[1] Von frühester Zeit an haben Ärzte Joghurt und andere gesäuerte Milchprodukte verordnet, um Krankheiten, die mit dem Magen, dem Darm und der Leber verbunden waren, zu behandeln und um den Appetit zu stimulieren.[1,3]

Dass gesäuertes Essen bei der Behandlung von Krankheiten des Verdauungstrakts verwendet wurde, ist sinnvoll. Einerseits, weil Fermentierung eine Art »Vor-Verdauung« der Rohwaren ist und auf diese Art das Verdauungssystem des Menschen schont, indem es den Abbau des Essens einfacher und Vitamine und Mineralstoffe besser zugänglich macht. Andererseits, weil die Mikroorganismen in den fermentierten Nahrungsmitteln vermutlich probiotische Fähigkeiten hatten und auf diese Weise die Darmgesundheit positiv beeinflussten – und damit auch das Immunsystem, wie wir heute wissen.

Von diesen probiotischen Mikroorganismen wusste man jedoch vor Mitte des 19. Jahrhunderts nicht viel. Dies änderte sich erst mit Louis Pasteur, einem französischen Chemiker und Mikrobiologen. Pasteur entwickelte die Pasteurisierung und mehrere unterschiedliche Impfungen. Aber er entdeckte auch die zentrale Rolle der Mikroorganismen bei der Fermentierung und darüber hinaus, dass es viele verschiedene Arten von Fermentierung gibt – zum Beispiel dass Bakterien Milch säuern und dass Hefe Alkohol bildet.

Machen wir einen Zeitsprung von 50 Jahren zum Nobelpreisträger Elie Metchnikoff, einem russischen Zoologen und Immunologen, der in Louis Pasteurs *Pasteurinstitut* arbeitete. Mit seinem Buch *Prolongation of Life* von 1907[4] gab Metchnikoff den Startschuss für systematischere Studien über die gesundheitlichen Effekte von Milchsäurebakterien. Er hatte beobachtet, dass es in Bulgarien Menschen gab, die sehr lange lebten, und er vermutete, dass dies unter anderem mit ihrem hohen Konsum von fermentierter Milch zusammenhing.

Seine Hypothese war, dass eine Bakterie im Joghurt, die später *Lactobacillus bulgaricus* genannt wurde, den Platz krankheitserregender Bakterien im Darm einnahm. Das passte zu einigen seiner weiteren Theorien, die besagten, dass Bakterien im Dickdarm giftige Stoffe produzieren, die dem Nervensystem und dem Herzen schaden können, wenn sie erst in den Blutkreislauf gelangen.[5]

Ungefähr zur selben Zeit beobachtete der französische Kinderarzt Henry Tissier, ebenfalls tätig am *Pasteurinstitut*, dass Kinder mit Durchfall eine andere Zusammensetzung von Bakterien im Stuhl hatten als gesunde Kinder. Er isolierte Bifidobakterienarten von gesunden Neugeborenen, die gestillt wurden, und setzte diese mit Erfolg zur Behandlung von Kindern mit Durchfall ein.[6] Elie Metchnikoff wird außerdem mit einem probiotischen Produkt namens »Le Ferment« assoziiert, das man ab 1906 in fermentiertem Joghurt und als Nahrungsergänzungsmittel kaufen konnte.[5] Probiotische Nahrungsergänzungsmittel sind also keine völlig neue Erfindung.

Auch wenn Metchnikoffs und Tissiers Theorien in der nachfolgenden Zeit vergessen wurden und in der medizinischen Welt der Fokus mehr auf Behandlungen durch Antibiotika und Impfungen lag, ist der Gedanke, Bakterien zur Behandlung von Krankheiten zu nutzen, inzwischen wieder hochaktuell. Metchnikoffs Arbeit wird heute als die Geburtsstunde der Probiotika betrachtet, und um Probiotika geht es im nächsten Kapitel.

WAS LEISTEN DARMMIKROBIOTA UND PROBIOTIKA?

Folgen Sie uns auf ein Gebiet, dessen in wissenschaftlicher Hinsicht fast nicht Herr zu werden ist – nämlich der Mikrobiota des Darmes, die aus Trillionen (also Tausenden Milliarden) von Mikroorganismen besteht, die in unserem Verdauungstrakt wohnen. Dort finden sich unter anderem Viren, Parasiten, Pilze und Bakterien; uns geht es vor allem um die Bakterien, die rund 99 Prozent dieser Landschaft ausmachen.[5]

Jeder Teil des Verdauungstrakts hat sein spezielles Milieu, und die Zusammensetzung der Bakterien wird unter anderem durch den Säuregrad, die zugänglichen Nährstoffe und die Physiologie bestimmt. Auch wenn es vom Mund bis zum Enddarm überall Bakterien gibt, steigt ihre Anzahl und Vielfalt, je weiter man sich in den Darm hineinbegibt. Die meisten Bakterien und die größte Vielfalt gibt es im Dickdarm. Dieser kann in verschiedene Bereiche mit jeweils unterschiedlicher bakterieller Dominanz eingeteilt werden.

Die Darmmikrobiota und ihre Bedeutung für Gesundheit und Krankheit sind eines der Forschungsgebiete, in denen in den letzten Jahren viel geschehen ist. Täglich werden neue Studien zu dem Thema veröffentlicht, und man kann schnell den Überblick verlieren. Allmählich weiß man eine Menge darüber, wer alles im Darm anwesend ist, aber immer noch nur wenig darüber, was die Mikrobiota tut und wie sie reguliert wird. Dass die Darmmikrobiota großen Einfluss auf sehr viele Aspekte unserer Gesundheit hat, daran besteht allerdings inzwischen kein Zweifel mehr.

Wir beginnen mit einem kurzen Einblick in die Darmmikrobiota – wer dort wohnt, was die Bewohner tun und was passiert, wenn sie im Ungleichgewicht sind. Im Anschluss gehen wir weiter zu den Probiotika – den »gesunden« Bakterien, die einen kleinen, aber wichtigen Bestandteil der gesammelten Darmmikrobiota ausmachen. Auch hier geht es darum, wer sie sind und wie sie uns helfen können.

DIE DARMMIKROBIOTA

Abigail Salyers, Physikerin und Professorin der Mikrobiologie, forschte jahrelang über die Bakterien im Dickdarm. Ihre These war, dass sie einen großen Einfluss auf die Evolution und das Körperdesign des Menschen gehabt hätten.[7] Es wird berichtet, sie habe im Scherz gesagt, wir Menschen existierten vielleicht allein aufgrund der Bakterien.

Was die Zahlen angeht, sind die Bakterien uns Menschen klar überlegen. Während wir rund 10 Trillionen Zellen in unserem Körper haben, gibt es mehr als zehnmal so viele bakterielle Zellen im Darm. Und während wir Zweibeiner um die 20.000–30.000 Gene haben, haben die Darmbakterien rund 3 Millionen.[5] Stellen Sie sich das mal vor – auf jede Ihrer Zellen kommen 10 Bakterienzellen, und auf jedes Ihrer Gene kommen 100 bakterielle Gene in Ihrem Körper.

Die Bakterien arbeiten wie ein Organismus zusammen[5] und sind ein wesentlicher Bestandteil von uns Menschen. Die Mikrobiota des Darms ist eines der komplexesten, dichtbesiedeltsten Ökosysteme bei Säugetieren. Man kann leicht ins Grübeln kommen, wer da nun wen steuert und warum wir dieses symbiotische Verhältnis entwickelt haben.

EINE EINFÜHRUNG IN DIE BAKTERIELLE TAXOLOGIE

Bakterien können in viele Ebenen eingeteilt werden, und die vier, die wir in diesem Buch behandeln, sind Stamm, Gattung, Art und Unterart.

Stamm (Phylum): Die Darmmikrobiota von Erwachsenen enthält primär Bakterien folgender fünf Stämme, und die meisten gehören zu den ersten beiden (*Firmicutes* und *Bacteroidetes*):[5]

- *Firmicutes* umfassen unter anderem die Gattungen Clostridium, Faeclibacterium, Ruminococcus, Streptococcus und Lactobacillus, wovon einige sehr gut darin sind, den wichtigen Stoff Butyrat herzustellen. Übergewichtige Menschen haben typischerweise, relativ gesehen, mehr *Firmicutes*-Bakterien als schlanke Menschen.
- Zu den *Bacteroidetes* gehören unter anderem die Gattungen Prevotella und Bacteroides, die gut darin sind, komplexe Kohlehydrate abzubauen. Sie finden sich typischerweise in größerer Anzahl bei schlanken Menschen als bei übergewichtigen.
- *Actinobakterien* umfassen unter anderem die Gattung der Bifidobakterien. Dies ist typischerweise der drittgrößte Stamm in der menschlichen Darmmikrobiota.
- *Verrucomikrobia* schließt unter anderem die Gattung Akkermansia mit ein, darunter Akkermansia muciniphila, die in letzter Zeit aufgrund ihrer entzündungshemmenden Eigenschaften viel Aufmerksamkeit bekam. Auf A. municiphila kommen wir auf Seite 21 zurück.
- Die *Proteobakterien* schließen viele der krankheitserregenden Arten von unter anderem Salmonella, Shigella und Klebsiella mit ein.[8] Fleischesser haben typischerweise mehr Proteobakterien als Vegetarier.[9]

Gattung (Genus): Die nächste Stufe sind die Gattungen wie Lactobacillus, Bifidobacterium, Streptococcus, Bacteroides und Clostridium. Einige halten sich primär in den Hohlräumen des Darms auf, wie beispielsweise Bacteroides und Bifidobacterium, während andere vor allem in der Darmschleimhaut sitzen wie zum Beispiel Clostridium und Akkermansia.[10]

Art (Species)/Unterart: Nach den Gattungen kommen die Arten. Die Art Lactobacillus (L) casei gehört zum Beispiel zur Gattung Lactobacillus. Jede Art hat weitere Unterarten. Eine Unterart der Art L. casei ist beispielsweise L. casei F-19, eine Milchsäurebakterienart im dänischen Sauermilchprodukt Cultura.

STAMM: **FIRMICUTES**

GATTUNG: **LACTOBACILLUS (L)**

ART: **L. CASEI**

UNTERART: **L. CASEI F-19**

Enterotypen sind eine andere Art und Weise, wie man inzwischen ebenfalls die Darmmikrobiota von Menschen klassifiziert. Dabei wird davon ausgegangen, dass es typischerweise drei verschiedene Gruppen oder Zusammensetzungen von Bakterienarten beim Menschen gibt: Enterotyp 1 hat, relativ gesehen, mehr Bacteroides, Enterotyp 2 mehr Prevotella und Enterotyp 3 mehr Ruminococcus. Diese drei Enterotypen sind unabhängig von Gewicht, Geschlecht und Nationalität und werden auf kurze Sicht nicht durch Änderung der Essgewohnheiten beeinflusst.

DIE BAKTERIELLEN VERHÄLTNISSE IN UNSEREM DICKDARM

Das Verhältnis zwischen den fünf Stämmen verändert sich im Lauf des Lebens. Früh im Leben finden sich vor allem Actinobakterien, die die Gattung der Bifidobakterien umfassen, und später haben die Menschen dann typischerweise mehr Firmicutes und Bacteroidetes.

Es kann große individuelle Variationen im Verhältnis zwischen Firmicutes und Bacteroidetes geben, dies ist unter anderem davon abhängig, was der Einzelne isst. Das wird in Studien deutlich, die die Mikrobiota von Menschen aus der afrikanischen Landbevölkerung, bei denen das Essen aus vielen Pflanzen sowie Ballaststoffen und nur wenig Fleisch besteht, mit der von Menschen aus westlichen Gesellschaften mit größerem Konsum von Fleisch, Fett, verarbeitetem Essen und weniger pflanzlichen Stoffen vergleichen.

Bei den untersuchten Afrikanern findet man in der Regel ein höheres Vorkommen des Stammes Bacteroidetes und ein geringeres Vorkommen von Firmicutes und innerhalb der Bacteroidetes ein höheres Vorkommen der Gattung Prevotella und weniger Bakterien der Gattung Bacteroides, verglichen mit der westlichen Bevölkerung.[8, 12, 13] Man kann auch eine geringere mikrobielle Diversität feststellen, also eine geringere Vielfalt in der mikrobiellen Zusammensetzung, als Folge der westlichen Kost und des westlichen Lebensstils.[14]

Unterschiedliche bakterielle Zusammensetzung – aber dieselbe Funktion

Inzwischen ist bekannt, dass die Mikrobiota viele Funktionen im Körper hat. Sie hilft uns unter anderem bei:[10]

- der Verarbeitung von Nährstoffen und bei der Energieproduktion
- Aufbau und Regulation der Immunabwehr
- der Aufnahme von Medizin und dem Bekämpfen ungesunder Fremdstoffe
- dem Schutz vor Infektion
- der Stärkung der Darmbarriere

Interessant ist: Trotz der großen individuellen Unterschiede in der Darmmikrobiota der Menschen haben die verschiedenen Bakterienzusammensetzungen, gemessen an den Stoffen, die die Darmmikrobiota produziert, dieselben Funktionen.[5] Denn die Darmmikrobiota ähnelt ein bisschen einer Chemiefabrik: Sie produziert eine Reihe wichtiger Stoffe für die Mikrobiota, die Darmzellen und den Körper. Dazu gehören zum Beispiel die kurzkettigen Fettsäuren (Butyrat, Propionat, Acetat), konjugierte Linolsäure (CLA), die Vitamin B und K, Gallensalze, Hormone, Neurotransmitter und aktivierte Pflanzennährstoffe. Diese Stoffe können im Darm nachgewiesen werden, aber in geringeren Konzentrationen auch im Blut. Eine Studie zu menschlichen Ausscheidungen entdeckte fast 10.000 verschiedene Stoffe, die die Mikrobiota produziert.[15] Die Mikrobiota ist also metabolisch sehr produktiv.

Man schätzt, dass die Überschneidungen in der Funktion, die man bei verschiedenen Bakterienarten sehen kann, daher kommt, dass es im mikrobiellen System eine Menge Überschuss *(redundancy)* gibt, das heißt, dass viele verschiedene Arten dieselben Aufgaben ausführen können.[5] Auf diese Weise ist die Mikrobiota sehr flexibel und belastbar. Das kann erklären, warum die Mikrobiota sich an so viele verschiedene Milieus, Lebensstile und Essgewohnheiten anpassen kann.

Noch ein paar Worte zur Fähigkeit der Mikrobiota zu entgiften, aber auch schädliche Stoffe zu produzieren. Die Mikrobiota hat die Fähigkeit, wie die Leber schädliche Stoffe umzuwandeln, zu neutralisieren und auszuscheiden, wenn man auch oft nicht die spezifischen beteiligten Bakterien kennt. So können zum Beispiel Bakterien die krebserregenden heterozyklischen Amine, die unter anderem aus verbranntem Fleisch kommen und vermutlich das Darmkrebsrisiko erhöhen, binden und unschädlich machen.[16] Allerdings können die Bakterien im Darm auch neutrale Stoffe in schädliche umwandeln wie beispielsweise Darmbakterien, die die Aminosäure L-carnitin von rotem Fleisch in einen Stoff namens TMA (Trimethylamin N) umwandeln können, der wiederum von der Leber in TMAO (Trimethyulamin N-Oxid) umgewandelt wird, das das Risiko für Herz-Kreislauf-Erkrankungen erhöht.[16]

Optimale Mikrobiota und Diversität

Die großen Variationen und Überschneidungen in der Funktion in der Mikrobiota von Menschen bereiten der Wissenschaft großes Kopfzerbrechen. Denn das bedeutet, dass es keine optimale Bakterienzusammensetzung in unserem Darm gibt, die wir alle haben sollten, um gesund zu sein und Krankheiten zu vermeiden.

Worauf man sich jedoch einigen kann, ist, dass eine große Diversität, also Vielfalt, in der Mikrobiota wichtig für die Gesundheit ist. Diversität schafft nämlich mehr Stabilität und weniger Verletzbarkeit gegenüber Bedrohungen von außen wie beispielsweise krankheitserregenden Bakterien.[5]

Eine besonders große Vielfalt in der Darmmikrobiota wurde beim Hadza-Stamm in Tansania entdeckt; die Angehörigen des Stammes leben als Jäger und Sammler und essen primär pflanzliche Nahrung, Honig, wilde Tiere und Vögel, nur sehr wenig Getreide- und keine Milchprodukte. Man vermutet, dass ihre Darmmikrobiota eine der ursprünglichsten ist, die man heute finden kann.[12]

Die hohe Diversität kommt Annahmen zufolge primär von ihrem großen Pflanzen- und Ballaststoffkonsum. Sie nehmen täglich rund 100 Gramm Ballaststoffe zu sich – im Gegensatz zu den Dänen, deren Nahrung durchschnittlich etwas über 20 Gramm enthält; in Deutschland werden durchschnittlich sogar nur rund 18 Gramm Ballaststoffe pro Person verzehrt. Außerdem ist der Hadza-Stamm körperlich sehr aktiv und steht in engem Kontakt mit der Natur. Beides sind Dinge, die die bakterielle Vielfalt unterstützen – zusammen mit der beinahe völligen Abwesenheit von zerstörerischen Stoffen aus Medikamenten und anderen Umweltchemikalien.

Neben der hohen Darmmikrobiota-Diversität mit Arten, die wir hierzulande gar nicht kennen, hat man entdeckt, dass erwachsene Mitglieder des Hazna-Stammes einen Darmbakterien-Zyklus haben, der je nach Jahreszeit variiert,[17] und dass in ihrem Stuhl keinerlei Bifidobakterien zu finden sind.[12] Das ist interessant, da Bifidobakterien ein Bakterientyp sind, die wir hierzulande normalerweise als wichtig für die Darmgesundheit ansehen, auch bei Erwachsenen.

Die Mitglieder des Hadza-Stamm leben typischerweise genauso lang wie die Menschen im Westen, aber ohne Medizin. Gleichzeitig findet man nicht die vielen typischen westlichen Lifestyle-Erkrankungen. Sollten wir vielleicht alle daran arbeiten, eine Darmmikrobiota zu bekommen, die der des Hadza-Stammes ähnelt? Das wäre wohl unmöglich – aber dieses Wissen inspiriert.

Es zeichnet sich nämlich ab, dass wir im Westen generell einen wichtigen Teil unserer natürlichen Bakterien im Darm verloren haben und dass dies Konsequenzen für unsere Gesundheit hat. Eine dänische Studie untersuchte zum Beispiel die Vielfalt in der Darmmikrobiota von Erwachsenen und fand heraus, dass 23 Prozent der Studienteilnehmer eine niedrige Diversität hatten. Diese Gruppe hatte deutlich mehr Übergewicht, Insulinresistenz, erhöhtes Cholesterin und generell höhere Entzündungswerte als diejenigen Teilnehmer mit größerer mikrobieller Diversität.[18]

Die Kern-Mikrobiota

Es gibt also keine optimale Darmmikrobiota, doch jeder Mensch hat seine eigene einzigartige Mikrobiota. Sie ist fast so spezifisch wie ein Fingerabdruck.[19] Man spricht deshalb von einer individuellen Kern-Mikrobiota, die relativ robust und stabil ist und zu der wir Menschen das ganze Leben lang zurückzukehren tendieren, zumindest wenn wir bei einigermaßen guter Gesundheit sind.

Diese Kern-Mikrobiota etabliert sich teilweise im Alter von drei bis fünf Jahren, einem Zeitpunkt im Leben des Kindes, an dem die Darmmikrobiota eine gewisse Stabilität und Widerstandskraft erreicht haben sollte.[5, 11, 20] Nach diesem Alter wird die Mikrobiota ständig weiter ausgebaut, sie wird erst in den späten Teenagerjahren mit dem Start ins Erwachsenenalter reif.[5] Zu diesem Zeitpunkt hat sie die größte Komplexität erreicht und bleibt bis ins Alter stabil, wo die Mikrobiota langsam wieder an Vielfalt verliert und instabiler wird, genau wie in den ersten Lebensjahren.

Dass wir eine Kern-Mikrobiota haben, bedeutet nicht, dass die Mikrobiota nicht dynamisch und flexibel wäre – sie ändert laufend den Charakter, beinahe von Tag zu Tag, und passt sich Änderungen im Lebensstil an, beispielsweise wo man wohnt und was man isst, und auch den Herausforderungen, denen sie ausgesetzt ist.[8] Studien zeigen allerdings, dass die Proben ein und derselben Person, die über einen langen Zeitraum hinweg genommen werden, einander mehr ähneln als den Proben, die von anderen Individuen stammen.[21]

WODURCH KANN DIE MIKROBIOTA BEEINFLUSST WERDEN?

Wie bekommen wir unsere individuelle Kern-Mikrobiota? Forschern zufolge, die sich mit diesem Thema beschäftigen, können viele Unterschiede in der Mikrobiota nicht grundlegend erklärt werden,[22] so ist beispielsweise unklar, warum eineiige Zwillinge kurz nach der Geburt nicht dieselbe Mikrobiota haben. Gerald W. Tannock,[5] der seit über 40 Jahren die Mikrobiota erforscht, vermutet, dass die Entwicklung der Darmmikrobiota des Einzelnen zum Teil chaotisch verläuft, jedoch in organisiertem Chaos.

Darüber hinaus gibt es Perioden und Faktoren im Leben, von denen man weiß, dass sie großen Einfluss haben. Dazu gehören unter anderem die ersten Lebensjahre eines Kindes (auf die wir auf Seite 25ff. zurückkommen), die Einnahme von Antibiotika, die die Mikrobiota radikal ändern kann, und die Nahrung, die wir zu uns nehmen. Andere Dinge, die eine Rolle spielen, sind beispielsweise Genetik und Physiologie, wie wir aufwachsen, Bewegung und Alter. In Studien mit Mäusen sieht man zum Beispiel, dass 57 Prozent der Variation, die man in ihrer Mikrobiota erkennen kann, der Nahrung zuzuschreiben sind und nur 12 Prozent durch genetische Unterschiede erklärt werden können.[23]

Inzwischen weiß man, dass nicht nur Antibiotika, sondern auch andere Dinge die Mikrobiota stören beziehungsweise in ihrer Vielfalt reduzieren können, beispielsweise Stress, Infektionen, Medikamente, künstliche Süßungsmittel[24] und Umweltchemikalien wie zum Beispiel der hormonzerstörende Stoff Bisphenol A[25] und das Unkrautvernichtungsmittel Glyphosat von Round Up.[26]

Essen und Mikrobiota

Am effektivsten beeinflussen wir unsere Darmmikrobiota durch das Essen, das wir zu uns nehmen. Das ergibt Sinn – was wir düngen, das wächst. Wenn wir unsere Bakterien mit Pflanzen füttern, werden die pflanzenfressenden Bakterien sich wohlfühlen und wachsen. Wenn wir sie mit vielen Proteinen und Fett füttern, werden sich vor allem die Bakterien vermehren, die Proteine abbauen und mit Fett beziehungsweise Galle zurechtkommen.

Eine bekannte Studie[27] testete eine ballaststoffreiche, pflanzlich basierte Kost (Getreide, Hülsenfrüchte, Obst und Gemüse) gegenüber einer tierisch basierten (Fleisch, Ei, Käse) – proteinreich und fett – jeweils fünf Tage an denselben Versuchspersonen. Die tierisch basierte Kost führte zu mehr galletoleranten und proteinabbauenden Mikroorganismen und weniger Firmicutes-Arten, die von komplexen Kohlehydraten aus Pflanzennahrung leben. Die Studie fand auch heraus, dass Hefepilze und Bakterien aus der Nahrung sich im Darm der Versuchspersonen einnisteten, während der Versuch durchgeführt wurde. Als die Versuchspersonen anschließend zu ihrer ursprünglichen Kost zurückkehrten, kehrte auch die Mikrobiota zum Ausgangspunkt zurück.

Man kann sich also fragen, ob die eine Ernährungsweise wirklich besser ist als die andere, wenn sich die Mikrobiota stets anpasst. Studien fanden heraus,[27] dass durch die tierische Kost einige Typen von Bakterien zunahmen, beispielsweise Bilophila wadsworthia, die im Darm entzündungsfördernd wirken und mit einer entzündlichen Darmkrankheit assoziiert werden. Ebenfalls stellte man fest, dass mehr sekundäre Gallensalze produziert wurden, die unter anderem Leberkrebs stimulieren können. Die Ernährung ist also nicht ganz so gleichgültig.

Antibiotika und die Darmmikrobiota

Antibiotika können starke Auswirkungen auf unsere Mikrobiota haben. Nach einer Antibiotikabehandlung kann es Wochen bis Monate dauern, bis die Mikrobiota wieder in normalem Zustand ist. Von bestimmten Arten von Antibiotika, wie zum Beispiel Ciprofloxacin und Clindamycin, kann man eine geschwächte Darmflora bekommen, die selbst ein Jahr nach der Behandlung noch nicht wiederhergestellt ist.[28] Es ist auch bekannt, dass Antibiotika Tiere dicker machen. Dafür sind mehrere Ursachen verantwortlich, aber unter anderem auch die Beeinträchtigung der Mikrobiota.[29]

Was bedeutet das nun? Man weiß zum Beispiel, dass die Einnahme von Antibiotika im ersten Lebensjahr eines Kindes mit einem erhöhten Risiko einhergeht, später im Leben Allergien, Asthma, entzündliche Darmkrankheiten, Fettleibigkeit und ein metabolisches Syndrom zu entwickeln.[20]

Eine gefürchtete Folge von Antibiotikakuren ist ein »Kollaps« des ganzen Darmmilieus mit einem lebensgefährlichen Wachstum beispielsweise des Bakteriums Clostridium difficile. Es kann sich ungehindert ausbreiten, wenn die Symbiose zerstört ist und Lactobacillus, Bacteroides, Bifidobacterium und andere Bakterien in die Knie gegangen sind. Dieser Zustand ist nur schwer wieder rückgängig zu machen – es versteht sich von selbst, dass Antibiotika dabei nicht hilfreich sind. Dies ist eines der Leiden, die in Dänemark inzwischen mit Stuhltransplantationen behandelt werden.

Außer Antibiotika können auch schmerzstillende Medikamente (NSAID),[30] Chemotherapie[31] und Magensäureblocker[32] problematisch für die Mikrobiota sein. Magensäureblocker, die bei Sodbrennen und Magengeschwüren eingenommen werden, tragen dazu bei, den pH-Wert im Magen zu erhöhen, und können unter anderem Passiermöglichkeiten für unerwünschte Bakterien schaffen, die normalerweise von der Magensäure zerstört werden, bevor sie in den Darm gelangen.

Martin Blaser, ein amerikanischer Magen-Darm-Arzt, hat seine Forschung zum Thema Mikrobiota im Buch *Missing Microbes* dargelegt.[33] Darin beschreibt er, wie der jahrzehntelange Übergebrauch von Antibiotika unserer Mikrobiota geschadet hat, sodass uns heute eine Reihe früher üblicher Mikroorganismen fehlen. Dies kann laut Blaser dazu beitragen, den Anstieg vieler moderner Krankheiten wie Autoimmunkrankheiten, Fettleibigkeit, Allergien und Asthma zu erklären.

Dysbiose – Ungleichgewicht in der Mikrobiota

Dysbiose bedeutet Ungleichgewicht von Leben. Mit Hinblick auf den Darm bezeichnet der Begriff ein Ungleichgewicht in der Zusammensetzung von Mikroorganismen: Die Balance wurde beeinträchtigt. Normalerweise halten die Bakterien sich gegenseitig in Schach, und eine gesunde Mikrobiota verfügt über eine naturgegebene Robustheit gegen die konstanten Herausforderungen von innen wie von außen.[20]

Die meisten Darmbakterien leben in einem friedlichen, symbiotischen Verhältnis miteinander und mit dem Wirt, also uns. Sie werden *Symbionten* genannt. Es gibt aber auch eine andere Gruppe von Bakterien, die – wenn es zu viele werden – Probleme machen können, sie werden *Pathobionten* genannt. Die Pathobionten sind daran beteiligt, die Immunabwehr zu entwickeln und auszubilden, sie tragen also zu etwas Gutem bei, solange sie nicht zu viel Freiraum bekommen.[34] Bei einer Dysbiose besteht typischerweise ein genereller Abfall der Diversität von Mikroorganismen im Darm, aber darüber hinaus auch eine Reduzierung der Symbionten und ein entsprechender Anstieg der Pathobionten.[8]

Ein klares und deutliches Beispiel einer Dysbiose ist ein Ungleichgewicht in der Mikrobiota nach einer Antibiotikakur, wie oben beschrieben, bei der die krankheitserregenden C. difficile zu viel Raum einnehmen können. Aber eine Dysbiose kann auch durch ansteckende Viren, Parasiten und krankheitserregende Bakterien oder andere Einflüsse wie Medikamente und Umweltchemikalien, auf die wir schon eingegangen sind, verursacht werden. Allgemein bekannt ist auch, dass man im Kielwasser einer Antibiotikakur eine Pilzinfektion bekommen kann.

Einige chronische Krankheiten beziehungsweise Zustände, die mit Veränderungen in der Mikrobiota (Dysbiose) in Verbindung gebracht werden, sind Fettleibigkeit, CED, Neurodermitis, Autismus, Diabetes Typ 2, metabolisches Syndrom und Reizdarm.[5] Abgesehen von der Fettleibigkeit weiß man jedoch nicht, was zuerst geschieht, ob also die veränderte Mikrobiota ein Resultat der Krankheit ist oder ihre Ursache.

Bei der Behandlung eine Dysbiose ist es wichtig herauszufinden, was diese in Gang gesetzt hat, was also die Balance beeinträchtigt hat. Ein anderer Zugang sind probiotische Zusatzpräparate, die jedoch Gerald W. Tannock[5] zufolge selten ausreichen, weil die probiotischen Bakterien oft keine natürlichen Bewohner des Dickdarms sind und daher die fehlenden symbiotischen Bakterien nicht ersetzen können. Lassen Sie uns nun einen näheren Blick auf die Probiotika werfen.

PROBIOTIKA

Auch wenn Elie Metchnikoff und Henry Tissier bereits vor mehr als 100 Jahren mit probiotischen Prinzipien arbeiteten, tauchte das Wort *Probiotika* erst in einer Publikation von 1965 auf. Probiotika bedeutet »für Leben«. Zum damaligen Zeitpunkt verwendete man den Begriff, um Stoffe zu beschreiben, die Mikroorganismen herstellen und die das Wachstum von anderen Mikroorganismen anregen.[35]

2001 nahm die Definition eine Wendung hin zu den probiotischen Mikroorganismen selbst, als die Weltgesundheitsorganisation WHO folgende Definition vorschlug, über die man sich heute immer noch einig ist:[36, 37]

Probiotika sind lebende Mikroorganismen, die dem Wirt einen gesundheitlichen Vorteil bringen, wenn sie in ausreichender Menge aufgenommen werden.

Probiotika sind also lebende Mikroorganismen, typischerweise Bakterien, die in Studien getestet wurden und erwiesenermaßen gesundheitliche Auswirkungen haben. Darüber hinaus sind Probiotika auf Sicherheit getestet und können normalerweise bis in die Unterart wiedererkannt werden.[38]

Die Definition legt fest, dass die probiotischen Mikroorganismen lebendig sind, wenn sie den Darm erreichen, das heißt, dass sie die Reise durch Magensäure und Galle überleben können. Aber sowohl tote als auch lebende Bakterien können dieselbe Wirkung beispielsweise auf das Immunsystem haben.[39] Noch besteht Uneinigkeit darüber, inwieweit probiotische Bakterien sich im Darm ansiedeln können müssen, um einen Gesundheitseffekt zu haben, es ist also kein Muss. Das ist gut für L. bulgaricus, das Metchnikoff seinerzeit identifizierte, denn es kolonisiert nicht im Darm, wird aber aufgrund seiner Fähigkeit, die Laktosetoleranz einer Person zu erhöhen, als probiotisch betrachtet.[37]

WAS ZÄHLT ZU DEN PROBIOTISCHEN BAKTERIEN BEZIEHUNGSWEISE MIKROORGANISMEN?

In den letzten Jahren hat man eine Reihe von Probiotika identifiziert. Sie sind typischerweise entweder in unserem Darm beheimatet oder aus traditionell fermentierten Nahrungsmitteln gezüchtet. Besonders zwei Gattungen, Laktobazillen und Bifidobakterien, sind sehr bekannte probiotische Bakterien. Sie sind säure- und galletolerant und überleben daher den ganzen Weg bis in den Dickdarm. Beide produzieren Milchsäure, weshalb man manchmal die Bezeichnung »Milchsäurebakterien« verwendet.

Laktobazillen (Lactobacillus) umfassen mehr als 100 verschiedene Arten, machen aber zahlenmäßig nur einen sehr kleinen Teil unserer Darmmikrobiota aus, um die 0,01 Prozent.[40] Nur wenige Lactobacillus-Arten sind natürliche Bewohner unseres Darms, primär des Dünndarms, und die, die man in Stuhlproben findet, sind transient, das heißt, sie sind nur vorübergehend da und kommen aus fermentiertem Essen, Nahrungsergänzungsmitteln oder der Mundhöhle.[40] Sie sind »fakultativ anaerob«, das bedeutet, sie kommen mit und ohne Sauerstoff zurecht.

BEISPIELE FÜR PROBIOTISCHE ARTEN

LACTOBACILLUS (L):	L. CASEI, L. GRASSERI, L. JOHNSONII, L. PARACACEI, L. PLANTARUM, L. REUTERI, L. RHAMNOSUS
BIFIDOBACTERIUM (B):	B. ADOLESCENTIS, B. ANIMALIS, B. BIFIDUM, B. BREVE, B. INFANTIS, B. LONGUM
ANDERE BAKTERIEN-ARTEN:	STREPTOCOCCUS THERMOPHILUS, ENTEROCOCCUS FAECIUM, LACTOCOCCUS LACTIS, ESCHERICHIA COLI NISSLE 1917, BACILLUS CLAUSII
HEFEPILZE:	SACCHAROMYCES BOULARDII UND S. CEREVICIAE[40, 42]

Bifidobakterien (Bifidobacterium) gibt es in mehr als 50 unterschiedlichen Arten. Sie leben in größerer Anzahl in unserem Darm als Laktobazillen, vor allem im Dünndarm. Bei erwachsenen Menschen machen Bifidobakterien rund 4 Prozent der gesamten mikrobiellen Masse im Stuhl aus.[41] Bifidobakterien sind anaerob, das bedeutet, sie gedeihen nur in Umgebungen ohne Sauerstoff.

Außer Bifidobakterien und Laktobazillen gibt es noch eine Reihe weiterer probiotischer Bakterien- und Hefepilzarten, die anerkannt und in Nahrungsergänzungsmitteln und Nahrungsmitteln zu finden sind.

Eine Reihe der Mikroorganismen des Darms können positive Auswirkungen auf die Gesundheit haben, haben aber noch nicht den Status als Probiotika bekommen, unter anderem weil es noch keine Sicherheitsstudien gibt oder weil die Bakterien außerhalb des Darms kaum überleben können.[44] Dazu gehören zum Beispiel Akkermansia muciniphila, Faecalibacterium prausnitzii und butyratproduzierende Arten innerhalb der Gattung Roseburia und manche Bacteroides-Arten wie B. fragilis und B. uniformis.[37, 44, 45]

AKKERMANSIA MUCINIPHILA (A. MUCINIPHILA) – EIN ZUKÜNFTIGER PROBIOTISCHER SUPERSTAR?

A. MUCINIPHILA IST EIN NATÜRLICHER BEWOHNER UNSERER DARMMIKROBIOTA, LEBT PRIMÄR IN DER DARMSCHLEIMHAUT UND KANN BIS ZU 3 PROZENT DER GESAMTEN MIKROBIELLEN MASSE IM STUHL AUSMACHEN.[5] ES WIRKT ENTZÜNDUNGSHEMMEND IM DARM UND HILFT DABEI, DIE DARMSCHLEIMHAUT INTAKT ZU HALTEN. AUF DIESE WEISE KANN A. MUCINIPHILA AUSWIRKUNGEN AUF DEN »LEAKY GUT«[46] HABEN, EINEN ZUSTAND, BEI DEM DIE DICHTEN BINDUNGEN ZWISCHEN DEN DARMZELLEN SICH LÖSEN, SODASS EINE UNERWÜNSCHTE DURCHLÄSSIGKEIT FÜR FREMDSTOFFE IN DIE BLUTBAHN ENTSTEHT. EIN KÜRZLICH VERÖFFENTLICHTER ARTIKEL ÜBER MÄUSE BESAGT AUSSERDEM, DASS A. MUNICIPILA GEGEN ATHEROSKLEROSE SCHÜTZT[47] UND POSITIV DAZU BEITRÄGT, DEN STOFFWECHSEL DES KÖRPERS ZU REGULIEREN.

GESUNDHEITLICHE AUSWIRKUNGEN UND MECHANISMEN

Damit ein Mikroorganismus probiotisch ist, müssen, wie erwähnt, Studien dessen günstige gesundheitliche Auswirkungen bewiesen haben. Einige dieser Auswirkungen sind generelle, also Auswirkungen, die für viele verschiedene probiotische Arten gelten, während andere Auswirkungen eher spezifischen Arten oder Unterarten zuzuschreiben sind. Es gibt ausreichend Studien, die zeigen, dass die Zufuhr von Probiotika positive Auswirkungen auf Folgendes haben:[37]

- eine gesunde Mikrobiota im Darm
- einen gesunden Darm beziehungsweise eine gesunde Verdauung sowie auf infektiösen Durchfall, durch Antibiotika verursachten Durchfall, Reizdarm, Magenschmerzen und Blähungen, nekrotisierende Enterokolitis, Verstopfung und Darmblutungen (Colitis ulcerosa)
- die Immunfunktion, einschließlich Allergien, Neurodermitis und Entzündungen.

Es gibt darüber hinaus vielversprechende Möglichkeiten für Auswirkungen auf die Reproduktivorgane, Löcher in den Zähnen, Lunge, Haut und die Darm-Hirn-Achse.[37] Auf die Darm-Hirn-Achse kommen wir auf Seite 31 zurück.

Probiotische Mechanismen

Probiotische Bakterien machen nur einen kleinen Teil der gesamten ökologischen Landschaft im Darm aus. Sie siedeln sich selten an, wenn sie als Zusatzpräparate eingenommen werden, der Effekt ist also vermutlich eher funktionell als strukturell.[38] Wie sie im Einzelnen wirken, ist immer noch nicht geklärt. Man vermutet, dass die probiotische Wirkung sowohl durch Komponenten der Mikroorganismen selbst verursacht wird, also beispielsweise durch ihre DNA, als auch durch die Stoffe, die sie auf ihrem Weg durch den Darm produzieren, wie zum Beispiel kurzkettige Fettsäuren und Enzyme.[5] Probiotika können dabei helfen, die Mikrobiota zu normalisieren und krebserregende Stoffe zu neutralisieren.[37] Am wichtigsten aber ist, dass Probiotika die Immunabwehr beeinflussen, und damit meint man, dass sie unter anderem Folgendes können:

- Entzündungen bekämpfen,
- die Immunabwehr zur Produktion von IgA-Antikörpern stimulieren,
- die Immunabwehr zu einer ausbalancierten Immunantwort erziehen,
- die Funktion der Darmschleimhaut verbessern,
- die Möglichkeiten zur Ansiedlung von krankheitserregenden Bakterien verringern.

Die Probiotika der Zukunft

Dänische Studien haben dazu beigetragen zu zeigen, dass das Darmsystem untersuchter gesunder Dänen unter Druck steht – es enthält weniger Bakterien und eine geringere Variation von Bakterienarten, als wünschenswert wäre.[18] Dieselbe Tendenz sieht man generell im Westen einschließlich fallender Diversität während der letzten 100 Jahre. Die Frage ist, wie wir die Vielfalt stimulieren können: Kann dies mit den klassischen probiotischen Nahrungsergänzungsmitteln funktionieren?

Traditionelle probiotische Nahrungsergänzungsmittel enthalten normalerweise primär Laktobazillen und Bifidobakterien, viele von ihnen sind keine natürlichen Bewohner unseres Darms. Es gibt eine Reihe neuer probiotischer Kandidaten, wie beispielsweise Akkermansia muciniphila und Faecalibacterium prausnitzii, die natürlich in unserem Darm vorkommen und zurzeit nicht in probiotischen Nahrungsergänzungsmittel enthalten sind. Beide Bakterienarten werden dafür höchstwahrscheinlich in den Ausscheidungen zu finden sein, die bei Stuhltransplantationen (FMT) verwendet werden: Unter anderem haben sie sich bei der Behandlung von Infektionen mit C. difficile als effektiv erwiesen.[45]

Warum FMT so effektiv sein kann, ist noch nicht im Einzelnen bekannt. Aber verglichen mit probiotischen Ergänzungsmitteln, bewirkt FMT eine viel größere Diversität beziehungsweise Komplexität in der mikrobiotischen Zusammensetzung; es werden dabei natürliche Bewohner aus dem Dickdarm überführt, die sich ansiedeln können und damit einen größeren regulierenden Effekt haben.[20, 45]

Die Forschung testet nun FMT bei einer Reihe anderer Krankheiten, zum Beispiel bei der Heilung ausbrechender Darmblutungen.[49] Im Aleris-Hamlet-Privatkrankenhaus behandelt man zum Beispiel Menschen mit Dickdarmblutungen mit Stuhl in Kapseln, dies ebenfalls mit positiver Wirkung.[50]

Eine Stuhltransplantation wird bis auf Weiteres nicht als Probiotikum klassifiziert, weil sie unbekannte Mikroorganismen enthält und nicht standardisiert werden kann; außerdem gibt es noch keine Langzeitstudien.[37] Die größte theoretische Sorge ist, dass sich im Mikrobiom des Stuhls verborgene Krankheiten befinden können, die vom Spender an den Empfänger weitergegeben werden.[45]

Aber vielleicht liegt die probiotische Zukunft in gefriergetrocknetem Stuhl, der in Tablettenform eingenommen werden kann; Tabletten, deren Inhalt getestet und gereinigt ist, sodass Sicherheit garantiert ist. Es besteht jedenfalls kein Zweifel, dass wir eine völlig neue Generation an Probiotika erleben werden, die weit über die gängigen probiotischen Zusatzpräparate hinausgehen, die momentan auf dem Markt sind.

NEBENWIRKUNGEN UND TOXIZITÄT

Die Unbedenklichkeit von Probiotika, vor allem von Bifidobakterien und Laktobazillen, ist seit Langem durch ihre Verwendung in Nahrungsmitteln und gesäuerter Milch bewiesen. Sie sind auch in Pflanzen und Tieren enthalten, die uns umgeben und die in uns sind. Zusammen mit Hefepilzen und Lactococcus werden sie als *GRAS (generally regarded as safe)* klassifiziert. Nicht alle probiotischen Arten gehören dieser Kategorie an, so gibt es beispielsweise für Enterobakterien ein theoretisches Risiko für Infektionen.[51]

Studien zu probiotischen Ergänzungsmitteln belegen keine ernsthaften Nebenwirkungen bei Menschen mit normaler Immunabwehr. Es kann zu leichteren Symptomen wie Luft im Bauch, schwacher Übelkeit und sogar leichtem Durchfall kommen.[42] Aber eine kontinuierliche Fortführung der Einnahme führt normalerweise zu einer Besserung der Symptome. Es ist also sinnvoll, durchzuhalten und vielleicht mit einer geringeren Dosis weiterzumachen. Die klinische Erfahrung zeigt, dass sehr große Dosen bei manchen Menschen Magenbeschwerden und sowohl Verstopfungen als auch Durchfall auslösen können (siehe auch das Kapitel »Häufige Fragen«).

Bei Menschen mit stark angeschlagener Immunabwehr, Kurzdarmsyndrom oder bei Schwerkranken sollte man bei der Vergabe von probiotischen Ergänzungsmitteln sehr umsichtig sein.[38] Bei ansonsten gesunden Kindern sind keine ernsthaften Nebenwirkungen beobachtet worden. Aber bei stark geschwächten oder immungestörten Kindern mit weiteren Risikofaktoren wurden schwerwiegende Nebenwirkungen beobachtet.[52] Durch schwere und anhaltende Durchfälle können besonders kleinere Kinder schnell dehydrieren, in diesen Fällen sind Probiotika nicht hilfreich, sondern ärztliche Hilfe ist notwendig. Zur Nachbehandlung von Durchfällen können Probiotika dagegen eine gute Idee sein – bei ansonsten gesunden Kindern.

WAS SAGT DIE FORSCHUNG?

Unsere Darmmikrobiota ist ein wesentlicher Teil von uns und in fast alle Aspekte des Lebens involviert. Eine gesunde Darmmikrobiota trägt dazu bei, uns gegen Krankheiten zu schützen, Energie zu spenden, Nährstoffe umzuwandeln, Appetit und Blutzucker zu regulieren, pflanzliche Nährstoffe zu aktivieren und dem Körper beim Abbau von Medikamenten und Umweltchemikalien zu helfen. Umgekehrt wird ein Ungleichgewicht in der Darmmikrobiota mit einer Reihe von Darmkrankheiten und Stoffwechselkrankheiten wie Diabetes Typ 2 assoziiert und in den letzten Jahren auch teilweise mit neurologischen Leiden wie Alzheimer, Parkinson-Syndrom, mit Krebserkrankungen und Autoimmunreaktionen in Verbindung gebracht.

Ständig werden neue Studien veröffentlicht, und es war uns fast unmöglich, uns zu entscheiden, worauf wir näher eingehen sollen. Aber wir haben uns entschieden – und beginnen damit, in einige der aktuellen Ergebnisse zur frühen Etablierung der Mikrobiota einzuführen, da diese Periode von ganz grundlegender Bedeutung für die Kern-Mikrobiota ist, die dem Menschen für den Rest seines Lebens bleibt und eventuell sogar die Disposition für spätere Krankheiten bildet. Wir beschreiben ebenso die Verbindungen zwischen Mikrobiota und Darmkrankheiten, um dann mit einem kurzen Einblick in ein Thema abzuschließen, das sich rasend schnell entwickelt, nämlich die Verbindung zwischen dem Gehirn beziehungsweise der Psyche und der Darmmikrobiota.

DER ANFANG DES LEBENS – DIE FRÜHE ETABLIERUNG DER DARMMIKROBIOTA

Die Zeit kurz vor und nach der Geburt ist ein einzigartiger Moment im Menschenleben und hat sich als besonders wichtig erwiesen für die Etablierung einer starken Darmmikrobiota. Besonders aus den USA, Australien und Kanada kommen derzeit viele neue Erkenntnisse über den Zusammenhang von Schwangerschaft und Geburt mit der Darmmikrobiota.

Eine neuere Entdeckung ist die *chain of maternal heritage*, auch »vertikale Transmission« genannt, darunter versteht man die Mikrobiom-Überführung von Mutter zu Kind.[53, 54] Man nimmt an, dass wir ein einzigartiges familiäres Muster in der Mikrobiota haben, das von Mutter zu Tochter über viele Generationen weitergegeben wird, speziell wenn wir vaginal geboren und voll gestillt wurden.[55] Bis vor 50, 60 Jahren waren vaginale Geburt und Stillen in Dänemark die Norm. Erst in den letzten Generationen haben wir angefangen, einzugreifen und diese sogenannte matrilineare Kette von bakterieller Überführung zu stören – durch Kaiserschnitt, Antibiotika während der Geburt und in der ersten Mutter-Kind-Zeit, mangelnden Hautkontakt nach der Geburt und die Verwendung von Muttermilchersatz.

Die Geburten haben sich also von Lebensereignissen, die in der eigenen Umgebung mit dem vorhandenen Wissen und im engen Familienkreis stattfanden, zu überwachten und spezialisierten Abläufen in fremden Umgebungen von Krankenhäusern entwickelt. Dies hat sowohl die Säuglingssterblichkeit als auch die Sterblichkeit von Müttern im Kindbett massiv reduziert.

Gleichzeitig hat der technologische Fortschritt bewirkt, dass zum Beispiel Kaiserschnitte, die früher nur in akuten Notsituationen durchgeführt wurden, inzwischen an vielen Orten der Welt normale Prozeduren geworden sind. Die Verwendung von Medikamenten wie wehenstimulierendem Tropf und zur Einleitung der Geburt, von Antibiotika und Betäubungsmitteln hat sich ebenfalls erhöht. All dies sind Dinge, die die Mikrobiotaentwicklung des Kindes stören.

Von der Geburt ist in den ersten beiden Lebensmonaten die Mikrobiota des Kindes im Entstehen begriffen, mit entscheidendem Einfluss auf die Immunentwicklung des Kindes in Schleimhäuten beziehungsweise Darmwänden.[56]

Einiges deutet außerdem darauf hin, dass das Kind bereits in der Gebärmutter mit Bakterien oder immunerziehenden Bakterienresten der Mutter (und aller Großmütter) in Kontakt kommt, die dazu beitragen, die frühe Immunabwehr des Kindes zu prägen.[57] Lange Zeit nahm man an, der Mutterkuchen sei steril, doch es hat sich gezeigt, dass er über ein eigenes Mikrobiom verfügt.[58] Das vererbte Immunwissen wird an den Fötus weitergegeben mit dem Zweck, das Überleben des Kindes nach der Geburt zu verbessern.

In der Schwangerschaft, besonders wenn es auf die Geburt zugeht, ändert die Vaginalflora der Mutter ihren Charakter. Es gelangen mehr Laktobazillen in die Vagina, aber auch in die Brüste beziehungsweise Milchgänge und ins Darmsystem der Schwangeren.[59, 60, 61] Verschiedene Studien haben gezeigt, dass die Darmmikrobiota der Mutter sich ebenfalls verändert.[62] Eine dänische Studie hat erst vor Kurzem belegt, dass sich das Risiko des Kindes, in den ersten drei Lebensjahren Mittelohrentzündungen und Atemwegsprobleme zu bekommen, erhöht, wenn die Mutter während der Schwangerschaft Antibiotika einnimmt. Dies bedeutet also, dass das, was das Mikrobiom der Mutter während der Schwangerschaft beeinflusst, beim Kind deutliche Spuren hinterlässt.

Die Geburt

Während das Kind bei der Geburt im Geburtskanal ist, kommen Nase, Mund und Haut in dichten Kontakt mit der Mikrobiota der Mutter – sowohl der vaginalen als auch der analen –, und hiernach folgt das Zusammentreffen mit Mikroben in der Luft, in der Kleidung, in der Umgebung und von den vielen warmen Händen.[62] Auf dem Weg durch den Geburtskanal wird das Kind sozusagen mit einem Film von »Joghurt« überzogen – und kommt bedeckt mit dem vollständigen matrilinearen Erbe als Geburtsgeschenk heraus. So sorgt die Natur dafür, dass das Kind nicht ungeschützt geboren wird, sondern bereits durch eine neue Hülle von Bakterienkulturen geschützt ist, wenn es die »sterile« Gebärmutter und Fruchtblase verlässt und die Welt draußen kennenlernt.

Der Hautkontakt mit der Mutter gleich nach der Geburt ist ebenfalls entscheidend für das Kind – aufgrund der Wärme, der Stimulierung des Sinnesapparats und der Beruhigung, bei der das Bindungshormon Oxytocin ansteigt und das Stresshormon Kortisol absinkt; und nicht zuletzt aufgrund der bakteriellen Überführung von Haut der Mutter zum Mund des Kindes. Die Bakterien von der Brust der Mutter und ihrer Milch kommen auf diesem Weg ins Darmsystem des Kindes.

Dieser allererste Kontakt mit Bakterien von Vagina, Haut, Brust und Muttermilch gibt, wie man heute weiß, dem Kind für den Rest seines Lebens eine bleibende Bakterienprägung.[56] Diese beeinflusst, wie das Immunsystem des Kindes heranreift und wie schnell es später reagieren kann.[64,65]

Kaiserschnitt

Alles, was dieses »Aussäen« von Bakterien von Mutter zu Kind um die Geburt herum mindert, stört oder verändert, kann lebenslange Konsequenzen für das Kind haben – auch ein chirurgischer Eingriff wie der Kaiserschnitt. Oft werden in Verbindung mit Kaiserschnitten Antibiotika verabreicht und immer Schmerzmittel während des Eingriffes oder danach. Das Kind wird aus dem Bauch gehoben und kommt nicht mit der Flora des Vaginalkanals in Kontakt.

Studien zeigen, dass Kaiserschnittkinder eine andere Darmflora haben als vaginal Geborene. Man konnte ein stärkeres Vorkommen von Clostridium und verschiedenen Lactobacillus nachweisen, während bei vaginal Geborenen ein stärkeres Vorkommen an Bifidobacterium und Bacteroides herrscht. Diesen Einfluss sieht man vor allem in den ersten sechs Lebensmonaten im Stuhl des Säuglings.[66] Eine Forschungsgruppe fand heraus, dass die Unterschiede zwischen vaginaler Geburt und Kaiserschnitt sich nach einem Monat verringerten und im Alter von rund einem Jahr ganz verschwunden waren.[67] Trotz dieser scheinbaren mikrobiellen Normalisierung können bakteriologische Veränderungen beim Kaiserschnitt allerdings mit erhöhtem Risiko für eine Reihe Krankheiten im späteren Leben wie Asthma, Atemwegserkrankungen, Diabetes Typ 1, Fettleibigkeit und Darmkrankheiten in Verbindung gebracht werden.[68] Beim Kaiserschnitt findet also eine bakterielle Prägung statt, die aber später nicht zu einer geschwächten Mikrobiota führt, jedenfalls zu keiner, die man mit derzeitigen Methoden erkennen kann.[69]

Es laufen derzeit Studien (in den USA) mit *vaginal seeding*; dabei wird ein paar Stunden vor dem Kaiserschnitt ein feuchtes steriles Stück Gaze in der Vagina der Mutter platziert. Auf diese Weise wird es mit der Vaginalflora der Mutter übersät und geimpft, bis die Gaze kurz vor der Operation herausgenommen wird. Sobald das Kind geboren ist, wird mit der Gaze über sein Gesicht, seinen Mund und seinen Körper gewischt, sodass der bakterielle Abdruck der Mutter auf das Kind überführt wird. Man hofft, dadurch etwas von der fehlenden Mikrobiotaüberführung in diesen wichtigen Stunden nachholen zu können, in denen die mikrobielle Etablierung beginnt. Ob sich das auszahlt, wird deutlicher werden, wenn die Studien in ein paar Jahren abgeschlossen sind.

Logisch gesehen, macht es viel Sinn, die Mikrobiota der Mutter manuell zu überführen, aber noch ist es ein zu wenig untersuchtes Gebiet, als dass es in Dänemark als ärztlicher Standard empfohlen werden könnte. Hierzulande wird bei dieser Methode Vorsicht empfohlen, und bei Frühgeburten wird gänzlich davon abgeraten.

Stillen

Muttermilch hat eine äußerst komplexe Zusammensetzung und enthält Nährstoffe sowohl für das Kind als auch für die Entwicklung seiner Darmmikrobiota. Die Milch beinhaltet unter anderem Bifidobakterien von der Mutter, Immunstoffe wie IgA, entzündungshemmende Stoffe, Hormone und nicht zuletzt Zuckerstoffe. Diese Zuckerstoffe werden *human milk oligosaccharides* (HMO) genannt und sind für die Enzyme des Kindes unverdaulich. HMO fungieren daher als Nahrung für die neu etablierte Mikrobiota, eine Art in die Muttermilch eingebaute Präbiotika.[70]

Die HMO in der Muttermilch verschaffen den neu zugeführten Bakterien eine gute Lebensgrundlage, damit diese schnell wachsen und so den Darm des Kindes mit symbiotischen Bakterien kolonisieren.[62] Speziell Bifidobakterien formieren sich mit HMO rege und können bis zu 90 Prozent der Darmbakterien bei gestillten Kindern ausmachen. Sie spielen eine wichtige Rolle in der Entwicklung der Physiologie des Kindes, einschließlich der Reifung der Immunabwehr und der Verdauung. Eine Mikrobiota, die von Bifidobakterien dominiert wird, stimuliert unter anderem die Bildung des Vitamins Folat, im Gegensatz zu der eines Erwachsenen, die die B12-Entwicklung favorisiert.[71] Die Muttermilch trägt zusammen mit der Impfung durch die Vaginalflora und den frühen Hautkontakt dazu bei, das Immunsystem des Kindes anhaltend zu prägen.[72]

Im Laufe der Monate verändert sich die Muttermilch entsprechend den Bedürfnissen des Kindes, sie passt sich daran an, was das Kind braucht. Es gibt also viele gute Gründe dafür, wenn möglich, Muttermilch statt Ersatzprodukte zu wählen und zu empfehlen.

Muttermilchersatz hat Generationen von Kindern das Leben gerettet und erfordert eine detailliertere Betrachtung, als wir hier geben können. Aber hinsichtlich der Darmmikrobiota ist Muttermilchersatz ein artfremdes Produkt, das gewisse Herausforderungen mit sich bringt. Es ist zum Beispiel ein konfektioniertes Produkt, das sich nicht wie Muttermilch den wechselnden Bedürfnissen eines Kindes im Wachstum anpassen kann. Das Kind beginnt sein Leben mit einer großen Bakteriendiversität in der Mikrobiota, die sich in den ersten Lebensmonaten verringert, unter anderem durch Zuckerstoffe in der Muttermilch, die HMO. Eine Studie[73] verglich den Stuhl von 30 gestillten Kinder mit dem von 30 Kindern, die mit Muttermilchersatz ernährt wurden, und fand heraus, dass 61 Prozent der Bakterien, die im Stuhl der gestillten Kinder auftauchten, Bifidobakterien waren, im Gegensatz zu den ungefähr 40 Prozent bei den nicht gestillten. Dieselbe Studie entdeckte eine größere Diversität, also Vielfalt, der Bakterien bei den Kindern mit Muttermilchersatz, was sicher einer breiteren Auswahl komplexerer Zuckerstoffe in der Ersatznahrung geschuldet ist, die mehr Arten von Bakterien fördert als nur Bifidobakterien.[74]

Während Diversität eine gute Sache ist, wenn wir älter werden und die Mikrobiota gereift ist, deutet vieles darauf hin, dass eine simplere Mikrobiota im Säuglingsalter von Vorteil ist. Man vermutet, dass die Immuntoleranz des Kindes und die Unterscheidung zwischen Freund und Feind davon abhängt, dass die richtigen Bakterien in der richtigen Reihenfolge kommen und gehen.[55]

Man kann Muttermilchersatz als eine gröbere Form der Ernährung betrachten als Muttermilch, die auf jeden Fall das Überleben sichert, die aber, immunologisch gesehen, den Darmbakterien vielleicht zu früh zu große Diversität verleiht. Dies kann das Immunsystem und die normale Entwicklung stören. Bei Muttermilchersatz mit zugesetzten Probiotika und Präbiotika lassen sich jedoch Erfolge erkennen,[75,76] und es werden laufend neue, besser angepasste Produkte entwickelt.

Das Immunsystem und die Umwelt des Kindes
In den letzten Jahren wurde immer mehr erkannt , welche Bedeutung die direkte Umwelt für die Entwicklung der Mikrobiota des Kindes hat. Eine inzwischen allgemein bekannte Studie untersuchte Kinder, die auf dem Land und in der Stadt aufgewachsen waren, und fand heraus, dass Kinder auf dem Land markant weniger Allergien und Heuschnupfen hatten. Der bessere Schutz liegt, wie man vermutet, daran, dass diese Kinder großen Mengen an Allergenen von Tieren, Futter, Mikroorganismen in der Umgebung und den Ställen ausgesetzt sind – und in der unbehandelten Milch, entweder schon als Fötus oder in den ersten Lebensjahren.[77]

Umgekehrt hat eine Forschungsgruppe in Australien den Zusammenhang zwischen der Darmmikrobiota und Allergien untersucht. Hierfür untersuchte man eine Gruppe Kinder mit Erdnussallergie, einer schweren und ziemlich massiven Allergie, die einen allergischen Schock auslösen kann. 18 Monate lang aßen die Kinder täglich eine kleine Menge Erdnussallergen zusammen mit Probiotika, L. rhamnosus. Nach anderthalb Jahren vertrugen 80 Prozent der Kinder Erdnüsse ohne Reaktion. Derzeit wird untersucht, wie lange der Effekt anhält, vorläufig ist man im vierten Jahr.[78]

Was kann eine Mutter tun, um ihre eigene und die Mikrobiota des Kindes zu stärken?
Manchmal sind ein Kaiserschnitt, Muttermilchersatz oder Medikamente unabdingbar. Daran ist nicht zu rütteln. Aber mit dem jetzigen Wissen können wir bewusste Entscheidungen treffen und die bestmögliche bakterielle Überführung von Mutter zu Kind an den drei allerwichtigsten Punkten sichern – vaginale Überführung, früher Hautkontakt und Stillen. Dabei sind wir uns der nachhaltigen Auswirkungen bewusst, die unsere Entscheidungen und Handlungen auf die Mikrobiota des Kindes haben.

Deshalb raten wir, Antibiotika nur dann zu nehmen, wenn es einen wirklich guten Grund dafür gibt, und in diesem Fall darauf zu achten, während des Zeitraums Probiotika zu nehmen oder mehr fermentierte Nahrungsmittel zu essen. In der Schwangerschaft sollte man gesunde, reine Zutaten und täglich etwas an fermentierten Produkten zu sich nehmen; vor, während und nach der Geburt eventuell ergänzt durch probiotische Zusatzpräparate, vor allem wenn in der engeren Familie Probleme wie beispielsweise Neurodermitis vorkommen.[79]

Sorgen Sie darüber hinaus rund um den Zeitpunkt der Geburt für Ruhe und Ungestörtheit, sodass Stillen und Hautkontakt gut etabliert werden können. Und haben Sie keine Angst, das Kind mit der Zeit in geeignetem Umfang mit Haustieren, Schmutz und Natur in Kontakt zu bringen. Wir Menschen werden durch ein aktives Leben, durch Begegnungen mit einer vielfältigen Welt, stärker.

MIKROBIOTA UND DARMKRANKHEITEN

Darmkrankheiten und Mikrobiota gehören zusammen – das versteht sich fast von selbst, auch wenn es viele Details gibt, die wir noch nicht kennen. Bei der Frage, wann eine Behandlung mit Probiotika sinnvoll ist, ist es hilfreich zu unterscheiden, ob die Mikrobiota zwischenzeitlich vom Kurs abgekommen ist oder ob es schwerwiegendere Darmprobleme gibt.

Bei einem Ungleichgewicht in der Mikrobiota nach einem Knock-out – einer akuten Krankheit, einer Magen-Darm-Grippe, Lebensmittelvergiftung, einer Chemotherapie, Antibiotika oder Immunsuppressiva – kann eine korrigierende Behandlung mit Probiotika oder viel fermentiertem Essen nützlich sein. Entzündliche Darmkrankheiten wie Morbus Crohn (MC) und Colitis ulcerosa (CU) sind jedoch komplexerer Natur. In diesen Fällen spielen oft tiefere Schleimhautschäden und eine aktivierte beziehungsweise gestörte Immunabwehr eine Rolle. Eine systematische Übersichtsarbeit, die 40 Studien analysierte, fand somit auch heraus, dass hier eine Behandlung mit Pro- und Präbiotika normalerweise nur geringe Erfolge erbrachte. Die Zeiträume zwischen den Ausbrüchen bei CU wurden jedoch größer.[80]

Eine neue Studie aus Calgary deckte einen Mechanismus auf, der erklären kann, wie das Immunsystem auf Kurs gehalten wird und warum nicht alle Menschen entzündliche Darmkrankheiten bekommen. Man fand heraus, dass ein Protein aus der Bakteriengattung Bacteroides das Immunsystem dressiert, sodass es nicht überreagiert. Wenn die Balance gestört wird und die Beschränkung durch Bacteroides und andere Bakterien verschwindet, kann das Immunsystem überreagieren und zu Krankheiten führen.[81]

Beim Reizdarmsyndrom (IBS) spielen normalerweise viele verschiedene Ursachen zusammen (beispielsweise Allergien oder Intoleranzen, verzögerte Darmbewegungen, Überwachstum von Bakterien), deshalb ist IBS nicht eindeutig zu behandeln. Die Behandlung mit Probiotika hat jedoch in verschiedenen Studien generell günstige Auswirkungen gezeigt, beispielsweise in Form von weniger Blähungen und Magenschmerzen.[82]

Magensäureblocker können bei Langzeiteinnahme tief greifende Veränderungen in der Darmmikrobiota hervorrufen, unter anderem weil sie die pH-Wert im Magen anheben. Das kann bewirken, dass Bakterien, die normalerweise nur im Kot zu finden sind, in der Mikrobiota des Magens auftreten.[83] Die Einnahme von Magensäureblockern scheint auch nahrhafte Verhältnisse für Streptokokken zu begünstigen, und man nimmt an, dass übermäßiges Wachstum von Streptokokken die Erklärung dafür sein kann, dass einige Patienten trotz der Behandlung mit Magensäureblockern anhaltende Probleme mit Reflux haben. Verschiebungen in der Mikrobiota (Dysbiose) schaffen hier außerdem ein erhöhtes Risiko für Infektionen sowohl im Magen als auch im Darm.[83]

DIE MIKROBIOTA UND DIE PSYCHE

Wenn es Sie fasziniert, was die kleinen Freunde, die wir im Darm mit uns herumtragen, mit unserer Physiologie machen – dann schnallen Sie sich an. Was sich zurzeit auf der psychischen, kognitiven und mentalen Ebene abzuzeichnen beginnt, ist noch faszinierender. Die letzten fünf Jahre haben uns mehr Wissen über das Darmsystem gebracht als die vorigen fünfzig, und einige der größten Augenöffner hatten mit der Verbindung zwischen Darm, Gehirn und Psyche zu tun.

Es ist inzwischen ganz eindeutig, dass verschiedene Stoffe, die im Gehirn aktiv sind – Neurotransmitter und Hormone –, in großem Umfang im Darm produziert und an das Gehirn weitergeleitet werden, während der große Vagusnerv des Körpers, der den Darm mit dem Gehirn verbindet, in umgekehrte Richtung kommuniziert. Viel von unserem psychischen Wohlbefinden und Verhalten soll seinen direkten Startpunkt in den Darmbakterien und ihrer Arbeit haben, wenn auch gesagt werden muss, dass viele Studien noch primär an Nagetieren und nicht an Menschen durchgeführt werden.

Diese Verbindung wird *gut-brain-axis* genannt, auf Deutsch Darm-Hirn-Achse. Eine schnell wachsende Menge an Wissen unterstützt die Thesen einer solchen Verbindung und damit die Bedeutung der Darmmikrobiota für die Regulierung von Verhalten, Angst, Stimmungen, Kognition, Depression und Schmerzen.[84, 65] Bei Autismus und den Zuständen nach Hirntraumata erahnt man inzwischen Zusammenhänge.

2013 entstand der Begriff *psycho-biotics*, also Psychobiotika; damit werden lebende Organismen bezeichnet, die eingenommen werden können und günstige Auswirkungen auf Patienten mit psychischen Krankheiten und auf die Psyche im Allgemeinen haben – das heißt, dies sind Probiotika, die positive Auswirkungen auf das Gehirn beziehungsweise die Psyche haben. Dementsprechend ist das Essen, das wir zu uns nehmen, auch nicht nur Brennstoff und Baustein, sondern kann unter anderem mittels Neurotransmittern, Hormonen und entzündlichen Signalleitungen direkt auf die Psyche einwirken.[87] Eine Studie belegt beispielsweise, dass fermentierte Milch messbar die Gehirnaktivitäten von Mäusen verändert.[88]

Forscher haben zudem eine direkte Verbindung zwischen Darmmikrobiota und Psyche bewiesen, indem sie Darmmikrobiota von kranken Menschen an gesunde Mäuse überführt haben. Das Ziel war, Klarheit darüber zu gewinnen, wie die Darmmikrobiota von Menschen mit entzündlichen Darmkrankheiten (CED) in die Psyche hineinspielt, beispielsweise in Form von Angst oder Unruhe, die bei CED-Patienten mit Durchfall oft beobachtet werden. Man überführte Darmkulturen teils von CED-Patienten mit Durchfall (CED-D) und teils von gesunden Menschen an zwei Gruppen völlig gesunder Mäuse. Bei Mäuse, die die kranke Mikrobiota bekamen, verringerte sich die Zeitspanne zwischen den Stuhlgängen, es kam zu Störungen der Darmbarriere, Defekten in der Schleimhaut, der Aktivierung des unspezifischen Immunsystems samt Angst/Unruhe-Verhalten. Die Mikrobiota von spezifisch CED-D-Kranken konnte also sowohl physische als auch psychische Symptome bei gesunden Mäusen auslösen.[89]

Die Mikrobiota und die Gehirnstruktur

In einer aufschlussreichen Studie aus Los Angeles analysierte man Stuhlproben von 40 Frauen und kartierte ihre Bakterienzusammensetzung.[90] Bei jeder Studienteilnehmerin wurde anschließend ein MRT-Scan des Gehirns durchgeführt, während ihr Bilder gezeigt wurden, die gefühlsmäßige Reaktionen hervorrufen sollten.

Ausgehend von den Reaktionen, fand man besonders zwei Gruppen von interessanten Darmbakterien. Die erste, Prevotella, war am stärksten ausgeprägt bei sieben Frauen, die einen höheren Grad an negativen Emotionen wie Angst und Unbehagen aufwiesen, wenn sie die Bilder ansahen. Die andere Bakteriengruppe, Bacteroides, war bei den dreiunddreißig anderen Frauen am häufigsten, die einen völlig anderen Gehirntyp hatten. Ihre Gehirnregionen, die mit Problemlösung und der Verarbeitung von komplexen Informationen zu tun haben, hatten mehr graue Substanz (ein positives Zeichen) als die Prevotella-Gruppe. Der

Hippocampus, der Bereich des Gehirns, der Gefühle, Bewusstsein und Gedächtnis reguliert, war größer und aktiver. Im Gegensatz zur Prevotella-Gruppe war die Bacteroides-Gruppe geneigter, nur negative Emotionen zu erleben, wenn sie auch negative Bilder gezeigt bekam.

Solche Studien sind faszinierend, denn sie zeigen eine starke Verbindung zwischen der Struktur und den Funktionen des Gehirns und der Mikrobiota. Aber warum das so ist, ist immer noch weitgehend ungeklärt. Trotzdem ist es das erste Mal, dass man Unterschiede in Verhalten und Stimmung bei gesunden Menschen abgeleitet hat, indem man die Darmmikrobiota an Gehirnregionen koppelte. Wir werden also sehen, welchen Nutzen wir in der Zukunft daraus ableiten können.

Stress

Stress kann lang anhaltende Veränderungen in der Darmmikrobiota auslösen, genau wie die Darmmikrobiota auch mit beeinflussen kann, wie man mit Stress zurechtkommt.[91] Bei Ratten, die früh im Leben sozialem Stress in Form von Isolation ausgesetzt sind, hat man unter anderem Veränderungen in der Mikrobiota und spätere Entwicklungsstörungen gefunden.[92] Man fand heraus, dass die Mikrobiota entzündliche Stoffe bildete, von denen man annimmt, dass sie dazu beitragen, die normale Entwicklung des Nervengewebes im Gehirn (Hippocampus) zu verändern. Die Ratten entwickelten ein angstgeprägtes Verhalten, schlechteres Lernverhalten und ein schlechteres Gedächtnis. Man überlegt nun, ob das Erlebnis von sozialem Stress in einer frühen Lebensphase eine entzündliche Stressantwort im Darm in Gang setzen kann, die Einfluss auf die Entwicklung psychischer Krankheiten im späteren Leben hat.

Mikrobiota und Myelin beziehungsweise Autoimmunkrankheiten

Myelin ist ein Fettstoff, der die Axone umgibt und die Nervenzellen schützt; zudem ist er in der Gehirnentwicklung bei Neugeborenen und Kindern wichtig. In einer Studie an Mäusen wurde bewiesen, dass man durch eine Störung der Mikrobiota die Bildung von Myelin in der Gehirnregion (im präfrontalen Cortex) stören kann, die in mehrere neuropsychiatrische Störungen wie Depression, Schizophrenie und Autismus involviert ist.[93] Man hofft, mit dieser Art von Wissen die Darmmikrobiota des Kindes in der Säuglingszeit und damit auch seine psychische und physische Gehirnentwicklung schützen zu können.

Eine andere Studie hat gezeigt, dass bei einer gestörten Balance der Mikrobiota autoimmune Reaktionen hervorgerufen werden können, die das Myelin beziehungsweise Gehirngewebe zerstören, wie es zum Beispiel bei Multipler Sklerose und vergleichbaren Krankheiten bekannt ist.[94] Es gibt Theorien, dass auch andere degenerative neurologische Krankheiten wie Parkinson und Alzheimer mit einer Störung der Mikrobiota verbunden sind.[87]

Autismus

In den USA hat inzwischen einer von 42 Jungen und eines von 189 Mädchen Autismus-Spektrum-Störungen (ASS). Da Menschen mit ASS häufig Verdauungsprobleme als einen Teil des Symptombildes aufweisen, ist es naheliegend, sich den Darm und seine Verbindungen zur Psyche anzusehen. Im Übrigen können wir bei Interesse an Autismus sehr empfehlen, den Forschern Martha Herbert und Alessio Fasano zu folgen.

Die Erforschung von ASS hat Zusammenhänge zwischen Verhalten und Mikrobiota gefunden. In einem Versuch unternahm man acht Wochen lang täglich Stuhltransplantationen an 18 autistischen Kinder. Das Resultat nach acht Wochen war eine 80-prozentige Besserung der Darmsymptome wie Verstopfung, Durchfall und Magenschmerzen. Man sah auch eine deutliche Besserung im autistischen Symptomverhalten der Kinder. Diese Besserung hielt mindestens die weiteren acht Wochen lang an, die der Versuch dauerte. Die Bakterien, die sichtlich mehr geworden waren, waren unter anderem Bifidobacterium, Prevotella und Desulfovibrio.[95] Auch in Dänemark wird an unterschiedlichen Orten der Zusammenhang von Mikrobiota und ASS erforscht (in Aalborg und Kopenhagen).

Probiotika wie Psychobiotika – ein Blick in die aktuellen Studien

Es gibt unglaublich viele Studien über die Bedeutung der Mikrobiota für das psychische Wohlbefinden des Menschen und eine mögliche Beeinflussung über Psychobiotika. Darunter versteht man Probiotika mit positiver Wirkung auf das Gehirn und die Psyche. Hier sind einige Beispiele:

- L. acidophilus, L. casei und B. bifidum (2 MIA CFU) acht Wochen lang täglich an Menschen mit Depression verabreicht, bewirkte eine geringere Punktzahl auf der Hamilton-Skala und eine Verbesserung in der systemischen Entzündung, gemessen an CRP, Insulin, Insulinresistenz und erhöhtem Glutathion – dem wichtigsten Antioxidantium des Körpers.[96]
- L. helveticus R0052 und B. longhum R0175 mildern psychische Unruhe, besonders depressive Züge, Wut-Feindlichkeit und Angst und verbesserten die Problemlösung in einer Studie über 30 Tage an gesunden Menschen.
- L. casei Shirota (24 MIA CFU) bewirkte eine Besserung der Stimmung und milderte die Angst bei chronisch Kranken.[98]
- L. casei Shirota in Kefir beugte dem stressbedingten Anstieg von Cortisol und einem erhöhten Serotoninspiegel bei gestressten Medizinstudenten vor, darüber hinaus verringerte es stressbedingte physische Symptome wie Magenschmerzen.[99]
- Präbiotika, drei Wochen lang an eine Gruppe Freiwilliger verabreicht, zeigten positive Auswirkungen auf die Stimmungslage und die Gehirnfunktion, unter anderem durch die verminderte Entwicklung des Stresshormons Cortisol, und eine bessere emotionale Verfassung.[100]
- Präbiotika, vier Wochen an Patienten mit Reizdarmsyndrom verabreicht, reduzierten psychische Unruhe und bewirkten eine deutliche Verbesserung der Lebensqualität.[101]

Wissenschaftler erforschen engagiert, welche Bakterien besondere Eigenschaften in der menschlichen Mikrobiota haben und als Psychobiotika wirken können. Man hofft, sozusagen »Designer-Probiotika« herstellen zu können, die als spezifisches Präparat mit exakten Wirkungen verabreicht (und patentiert) werden können. Die Idee, dass *ein* Stoff genau auf *eine* Störung wirkt, ist aus dem herkömmlichen medizinischen Denken geboren, das sich oft allein als zu eng und unfruchtbar erweist, wie zum Beispiel die Suche nach einer medizinischen Lösung für Alzheimer zeigt.

Wir schlagen deshalb vor, den Fokus zuerst auf das Essen zu legen. Lassen Sie uns darum zu den Präbiotika weiterschreiten – der Nahrung für die probiotischen Bakterien.

PRÄBIOTIKA

Im Folgenden geht es darum, wie Sie Ihre Mikrobiota mit Präbiotika füttern können, die den probiotischen Bakterien als Nahrung dienen. Aber bevor wir zu einer Definition kommen, lassen Sie uns erst einen Blick darauf werfen, wovon Dickdarmbakterien generell leben.

Dickdarmbakterien nehmen sich der Nahrung an, die wir essen, aber nicht selbst verdauen. Man schätzt, dass wir unsere Mikrobiota täglich mit rund 50 Gramm unverdauten Stoffen füttern.[102] Der größte Teil hiervon besteht aus Kohlehydraten, primär Ballaststoffen, den unverdaulichen Kohlehydraten im Essen. Aber ein Teil der Kohlehydrate sind auch Stärke und Zuckerstoffe. Auch unverdaute Proteine und Fette erreichen den Dickdarm. Je mehr Fette und Proteine aufgenommen werden, desto mehr müssen die Dickdarmbakterien sich darum kümmern.

Einige Bakterien fermentieren vor allem Kohlehydrate und andere in erster Linie Proteine, während Fett über die größere Menge an Galle, die in Verbindung mit einer fetten Kost ausgeschieden wird, eher indirekte Auswirkungen auf die Mikrobiota zu haben scheint. Je nachdem, ob es Kohlehydrate oder Proteine sind, die umgesetzt werden, bilden sich unterschiedliche Stoffe. Bei Proteinfermentierung entstehen mehr Gase und mehr potenziell schädliche Stoffe.[102]

Die Mikrobiota wandelt täglich ebenfalls einen kleineren Anteil pflanzlicher Nährstoffe um, rund 1 Gramm. Sie beeinflussen genauso wie die Makronährstoffe die Zusammensetzung und die Aktivitäten der Mikrobiota.[102] Tote Darmzellen und Darmschleimhautreste (Mucosa) werden auch von einigen Bakterientypen umgesetzt, unter anderem von A. muciniphila.

Sie beeinflussen also mit dem Essen, das Sie zu sich nehmen, welche Bakterien in Ihrem Darm Platz haben und welche Stoffe sie bilden. Wie bereits auf Seite 17 beschrieben, können radikale Änderungen in der Nahrungsaufnahme die Zusammensetzung der Bakterien im Darm innerhalb sehr kurzer Zeit sehr stark verändern.

WAS SIND PRÄBIOTIKA?

Der Begriff »Präbiotika« wurde 1995 zum ersten Mal eingeführt – ausgehend von den Ballaststoffen in der Nahrung, die selektiv die probiotischen Bifidobakterien und Laktobazillen stimulieren sollten.[103]

Seitdem ist man auf die Bedeutung anderer gesundheitsfördernder Darmbakterienarten aufmerksam geworden,[104] und man weiß inzwischen, dass eine präbiotische Wirkung oft aufgrund von sogenanntem *cross feeding* auftritt, damit ist die Zusammenarbeit zwischen Arten im Fermentierungsprozess gemeint.[104] Ein Beispiel sind Bifidobakterien, die mit Clostridien-Arten zusammenarbeiten, um die wichtige kurzkettige Fettsäure *Butyrat* zu produzieren.[105]

Seit 2017 gibt es eine neue, breitere Definition[106] von Präbiotika, die einen stärkeren Fokus auf die Wirkung der Präbiotika auf die Mikrobiota des Darms und die allgemeine Gesundheit legt:

Präbiotika sind Substrate, die selektiv von einigen Mikroorganismen mit gesundheitlichen Vorteilen für den Wirt verwendet werden.

WO FINDET MAN PRÄBIOTIKA?

Die bekanntesten Präbiotika sind Fruktane (Inulin und Fruktooligosaccharide – FOS), Galaktane (Galaktooligosaccharide – GOS), Laktulose und die Oligosaccharide der Muttermilch (mehr auf Seite 28). Sie alle sind bifidogen, das bedeutet, sie stimulieren das Wachstum von Bifidobakterien, aber teilweise auch von Laktobazillen.

Fruktane

Pflanzen verwenden Fruktane, Inulin und FOS, um Energie zu lagern. Sie sind daher natürliche Bestandteile vieler Obst- und Gemüsesorten. Man vermutet, dass wir in Europa täglich zwischen 3 und 11 Gramm Inulin und FOS aufnehmen.[107] Zichorienwurzeln haben den höchsten Gehalt an Inulin und blaue Agave den höchsten Gehalt an FOS, aber gewöhnlichere Quellen für Inulin und FOS sind Topinambur, Löwenzahnblätter, Knoblauch, Lauch, Zwiebeln, ganzer Weizen, Spargel, Artischocken, Gerste, Roggen und Bananen. Topinambur hat mit bis zu 31 Gramm Inulin und FOS pro 100 Gramm den höchsten Gehalt, während Bananen nur rund 1 Gramm enthalten.[108]

GOS und Laktulose

GOS ist ein Kohlehydrat, das aus Glukose und Laktose besteht und das in kleinen Mengen in Muttermilch (109), aber auch in Kuh-, Ziegen- und Schafmilch sowie Joghurt enthalten ist. GOS findet sich auch in Hülsenfrüchten wie Kichererbsen, Bohnen, Erbsen und Linsen. Eine Studie stellte fest, dass 100 Gramm Linsen rund 4 Gramm GOS enthalten.[110] In der Studie ging es primär um synthetisch gebildete GOS.

Laktulose ist ein weiterer synthetischer Zuckerstoff, der in der Apotheke erhältlich ist und typischerweise gegen Verstopfung eingesetzt wird. Bekannt ist auch die präbiotische Wirkung von Laktulose im Darm.[111]

Weitere präbiotische Ballaststoffe: Pektine und Beta-Glukane

Andere Ballaststoffe, deren präbiotische Eigenschaften heute anerkannt sind, sind Fasern aus Pflanzenwänden wie Pektine, die unter anderem in Äpfeln enthalten sind, und Beta-Glukane, die sich zum Beispiel in Pilzen, Hafer und Gerste finden.[112] Ballaststoffkomponenten aus Flohsamenschalen (HUSK) haben ebenfalls präbiotische Wirkung. Eine kleinere Studie an Frauen zeigte, dass Frauen mit wenig Bifidobakterien im Darm dank HUSK ein Wachstum an Bifidobakterien in der Mikrobiota und gesteigertes Wohlbefinden aufwiesen, im Gegensatz zu Frauen, die bereits über viele Bifidobakterien verfügten.[113]

Resistente Stärke

Stärke besteht aus langen Zuckerketten und wird normalerweise in unserem Darm in kleinere, aufnehmbare Bestandteile aufgespalten. Aber es gibt eine Version von Stärke, die unsere Enzyme nicht abbauen können – die sogenannte resistente Stärke.[114] Resistente Stärke stimuliert unter anderem die Produktion der kurzkettigen Fettsäure Butyrat in der Mikrobiota, die zu den wichtigsten Stoffen für unsere Darmgesundheit zählt. Darüber hinaus gibt es eine Reihe von Studien an Mäusen und Ratten, die eine positive Wirkung resistenter Stärke auf Sättigung, Verstopfung, Insulinregulierung und einen schützenden Effekt gegen Enddarmkrebs zeigen.[115]

Lebensmittel, die resistente Stärke enthalten, sind zum Beispiel:[116] Hülsenfrüchte (Bohnen, Kichererbsen, Erbsen und Linsen), Haferflocken, kalte oder rohe Kartoffeln, kalte Pasta, Gerste, kalter Reis und Bananen, vor allem die grünen Kochbananen (Plantain).

ESSEN SIE IHRE KARTOFFELN KALT

DIE KARTOFFEL IST BEKANNTERMASSEN VOLL VON STÄRKE, WAS IHREN BLUTZUCKER NEGATIV BEEINFLUSSEN KANN. ABER DAS IST NUR BEI WARMEN GEKOCHTEN ODER GEBACKENEN KARTOFFELN DER FALL. ABGEKÜHLTE ODER ROHE KARTOFFELN SIND EINE GANZ ANDERE SACHE. HIER IST DIE STÄRKE NÄMLICH RESISTENT, ALSO UNVERDAULICH UND BALLASTSTOFFÄHNLICH. ESSEN SIE DAHER KALTE KARTOFFELN ALS GESUNDEN BALLASTSTOFFZUSCHUSS, DER UNTER ANDEREM DIE PRODUKTION DER WICHTIGEN KURZKETTIGEN FETTSÄURE BUTYRAT STIMULIEREN KANN.

Polyphenole

Polyphenole, eine große Gruppe von Pflanzennährstoffen, können möglicherweise auch als Präbiotika betrachtet werden.[106] Sie finden sich in Obst, Gemüse, Tee, Wein und Samen. Die Pflanzen bilden sie zur Abwehr gegen Stress beziehungsweise Angriffe von außen aus. Sie sind unter anderem für ihre antioxidanten und entzündungshemmenden Eigenschaften bekannt. Sie kennen vielleicht Catechine in grünem Tee, Resveratrol in Rotwein oder Anthocyane in Blaubeeren. Rund 90 bis 95 Prozent aller Polyphenole aus dem Essen erreichen den Dickdarm unverdaut.[16, 106]

Studien belegen, dass Polyphenole dazu beitragen, das Vorkommen von Bifidobakterien und Laktobazillen zu erhöhen,[117] und neuere Studien vor allem an Mäusen, aber auch an Menschen zeigen, dass Pflanzennährstoffe aus Cranberrys, Weintrauben und Granatapfelkernen die Produktion der entzündungshemmenden A. muciniphila im Darm fördern.[118]

Auch wenn man immer noch nicht ganz versteht, was mit den Polyphenolen im Darm passiert, kann die Forschung nach und nach deutlich machen, dass die Mikrobiota die Stoffe aktivieren muss, damit sie für die Körperzellen verwertbar werden und ihre bekannten schützenden Wirkungen gegen Krebs oder Herz-Kreislauf-Erkrankungen ausüben können.[106] Ein Beispiel hierfür sind Glucosinolate in Kohl, die von der Darmmikrobiota unter anderem in Indole umgewandelt werden müssen, um ihre vor Krebs schützende Wirkung zu entwickeln (siehe Seite 43), oder Pflanzenöstrogene aus Soja, die die Mikrobiota in den Stoff Equol umwandeln muss, damit sie gegen Osteoporose und Herz-Kreislauf-Erkrankungen schützen können.[119, 120]

Omega-3-Fettsäuren und konjugierte Linolsäure (CLA)

Fettsäuren wie CLA und mehrfach ungesättigte Fettsäuren sind ebenfalls präbiotische Kandidaten.[106] Eine Studie mit Mäusen zeigte beispielsweise, dass Omega-3-Zusatzpräparate das Vorkommen der entzündungshemmenden A. muciniphila erhöht.[118]

MECHANISMEN UND EFFEKTE

Präbiotika stimulieren das Wachstum und die Aktivität von Bifidobakterien. Dieser bifidogene Effekt ist typischerweise bei Menschen höher, die zunächst nur wenige Bifidobakterien haben.[111] Die Forschung hat auch gezeigt, dass dieselben Ballaststoffe, die das Wachstum der anerkannten probiotischen Bakterien fördern, auch das Wachstum anderer Bakterienarten wie A. municiphila stimulieren, manchmal in höherem Maße als das von Bifidobakterien.[104]

Präbiotika regen die Bakterien zur Produktion der kurzkettigen Fettsäuren Acetat, Propionat und Butyrat an. Diese drei Fettsäuren haben jeweils wichtige physiologische Auswirkungen sowohl im Darm als auch im restlichen Körper.

BUTYRAT

BUTYRAT, AUCH BUTTERSÄURE GENANNT, IST EINE KURZKETTIGE FETTSÄURE, DIE BESTIMMTE BAKTERIENARTEN WIE CLOSTRIDIUM AUS BALLASTSTOFFEN IM ESSEN BILDEN. DIE FETTSÄURE IST SEHR WICHTIG FÜR DIE GESUNDHEIT DES DICKDARMS,[121] WEIL SIE UNTER ANDEREM DIE BEVORZUGTE ENERGIEQUELLE DER DICKDARMZELLEN IST UND ENTZÜNDUNGSHEMMENDE UND VOR KREBS SCHÜTZENDE EIGENSCHAFTEN HAT.[122] BUTYRAT WIRKT AUCH AUSSERHALB DES DARMS UND SCHÜTZT ZUM BEISPIEL DAS GEHIRN.[123] NACH BALLASTSTOFFREICHEN MAHLZEITEN KANN BUTYRAT IN STEIGENDER KONZENTRATION IM BLUT GEMESSEN WERDEN. FOS UND RESISTENTE STÄRKE ERHÖHEN DIE BUTYRATBILDUNG. DIE BESTE LEBENSMITTELQUELLE IST BUTTER, DIE ZU 3 BIS 4 PROZENT AUS DER FETTSÄURE BUTYRAT BESTEHT.

Die kurzkettigen Fettsäuren senken den pH-Wert im Darm, was das Wachstum von probiotischen Bakterien begünstigt und unerwünschte Bakterien fernhält. Wissenschaftliche Studien zeigen, dass ungefähr 10 Prozent der Energieproduktion des Körpers aus der Nutzung der Bakterien von Ballaststoffen und abgestoßener Darmschleimhaut zur Produktion dieser kurzkettigen Fettsäuren resultieren kann.[124]

Je nach Präbiotika-Typ kann man verschiedene Wirkungen auf Bakterien beobachten. Weizenkleie erhöht zum Beispiel das Wachstum von Bifidobakterien und Laktobazillen, während resistente Stärke darüber hinaus auch das Vorkommen anderer nützlicher Bakterien wie der Roseburia-Gattung erhöht.[117] Durch die Stimulation des Wachstums probiotischer Arten können Präbiotika antibiotisch wirken, indem sie indirekt dafür sorgen, dass eventuell unerwünschte Bakterien weniger Platz haben.[125] Präbiotische Zusatzpräparate können auch zu einer erhöhten Diversität in der Mikrobiota führen.[117]

Studien an zufällig ausgewählten Menschen zeigen, dass präbiotische Zusatzpräparate eine Reihe positiver gesundheitlicher Auswirkungen bei gesunden Menschen und Menschen mit akuten oder chronischen Krankheiten haben. Sie beeinflussen:[106]

- Übergewicht, Diabetes Typ 2, erhöhte Insulinsensitivität und erhöhte Cholesterinwerte,
- die Sättigung,
- eine bessere Aufnahme von Mineralstoffen wie Magnesium und Calcium,
- einen entzündlichen Darm,
- Allergien,
- Verstopfung.

In der Regel wurden mit Zusatzpräparaten Inulin, FOS oder/und GOS in täglichen Dosen von 5 bis 40 Gramm zugeführt.[106] Die Wirkung war zumeist indirekt, das heißt mittels Beeinflussung bestimmter Bakterien in der Mikrobiota und deren Aktivitäten.

NEBENWIRKUNGEN VON PRÄBIOTISCHEN ZUSATZPRÄPARATEN?

Präbiotische Zusatzpräparate in Form von Ballaststoffen haben normalerweise positive Auswirkungen auf die Darmgesundheit. Aber alles hat seine Kehrseiten. Indem Präbiotika die Produktion von Luft stimulieren können, können sie bei Menschen mit bereits existierenden Verdauungsproblemen problematisch sein.[111] Gerade fermentierbare Kohlehydrate (Oligosaccharide) wie Fruktane und Galaktane sind Ballaststoffe, die man bei der populären FODMAP-Diät zu vermeiden sucht. Dies ist eine spezielle Diät, die für Menschen mit Reizdarm und entzündlichem Darm entwickelt wurde. Neue Studien zeigen jedoch: Auch wenn die Vermeidung FODMAP-reicher Lebensmittel Darmsymptome verbessert, kann sie zu einer Verringerung der Bakterienmasse im Stuhl führen sowie dazu, dass man potenziell nützliche Darmbakterien verliert, unter anderem die bereits genannten entzündungshemmenden A. muciniphila[126] (siehe Seite 22). Wer weiß, was das auf lange Sicht für gesundheitliche Konsequenzen nach sich ziehen kann?

Generell ist man der Meinung, dass eine präbiotische Dosis von 5 bis 8 Gramm FOS und Inulin pro Tag ausreicht, um eine positive Wirkung auf die Darmmikrobiota zu erzielen, ohne dass das eine Mehrentwicklung von Luft zur Folge haben sollte.[111]

IN WELCHEN NAHRUNGSERGÄNZUNGSMITTELN FINDET MAN PRÄBIOTIKA?

Oft werden Präbiotika mit probiotischen Zusatzpräparaten gemischt, in solchen Fällen heißen sie *Synbiotika*. Man kann aber auch rein präbiotische Zusatzpräparate kaufen – das sind Ballaststoffzusätze, meist aus Zichorienwurzel gewonnen, die typischerweise den Namen »FOS-Inulin« oder »Inulin« tragen. Laktulose ist ebenfalls ein präbiotischer Zusatz, genauso wie beispielsweise Flohsamenschalen präbiotische Wirkung haben.

In diesen Nahrungsmitteln finden sich Präbiotika

- Inulin/FOS: Zichorienwurzel, Topinambur, Löwenzahnblätter, Knoblauch, Lauch, Zwiebeln, Spargel, ganzer Weizen, Artischocken, Gerste, Roggen und Bananen
- GOS: Hülsenfrüchte und Joghurt
- resistente Stärke: kalte Kartoffeln, kalter Reis, Hülsenfrüchte, Hafer und Bananen
- Pektine: Äpfel, Birnen, Aprikosen, Orangen und andere Zitrusfrüchte
- Beta-Glukane: Hafer, Gerste, Pilze und Seetang
- präbiotische Kandidaten: Farbige pflanzliche Nährstoffe und Omega-3-Fettsäuren

TOPINAMBUR – EIN PRÄBIOTISCHER SUPERSTAR

ROHER TOPINAMBUR IST HERRLICH KNACKIG UND HAT EINEN LEICHT NUSSIGEN GESCHMACK. ER EIGNET SICH WUNDERBAR ALS SNACK, FÜR SALATE, FLEISCHBRÜHE UND SMOOTHIES. SIE KÖNNEN AUCH DIE LECKERSTEN CHIPS DARAUS MACHEN, INDEM SIE IHN IN ULTRADÜNNE SCHEIBEN HOBELN, AUF EIN MIT BACKPAPIER BELEGTES BACKBLECH LEGEN UND BEI 120 °C BACKEN, BIS DIE SCHEIBEN KNUSPRIG SIND. TOPINAMBURPÜREE IST EINE FANTASTISCHE ALTERNATIVE ZU KARTOFFELBREI, SOWOHL ZUSAMMEN MIT GEKOCHTEN KARTOFFELN ALS AUCH PUR. ESSEN SIE IHN FRISCH GEKOCHT ANSTELLE VON KARTOFFELN, ODER GRATINIEREN SIE IHN IM OFEN MIT ETWAS KÄSE UND KRÄUTERN. WENN SIE PLATZ IM GARTEN HABEN, IST TOPINAMBUR EINFACH ANZUBAUEN, ABER PASSEN SIE AUF, ER BREITET SICH AUS WIE UNKRAUT! ER WIRD MIT SCHALE GEGESSEN, ABER SCHRUBBEN SIE IHN VORHER GUT!

FERMENTIERTE LEBENSMITTEL

Fermentierte Nahrung wird seit Tausenden von Jahren gegessen und traditionell verwendet, um Kranke zu behandeln beziehungsweise um gesund zu bleiben. Rezepte, Kefirkristalle und Kombuchapilze wurden gut bewahrt und von Generation zu Generation weitervererbt.

Auf diese Weise gehört fermentiertes Essen einer ähnlichen Kategorie an wie die lange gekochten Suppen oder Knochenbrühe. Beides sind »ganzheitliche Lebensmittel« mit zahlreichen aktiv aufbauenden Stoffe, die einen großen Einfluss auf unsere generelle Gesundheit haben können. Und genau wie bei Knochenbrühe kann es schwierig sein zu wissen, welche spezifischen Nährstoffe in der einfachen Fermentierung zu finden sind. Was fermentiertes Essen betrifft, hängt das unter anderem von den Zutaten, den Starterkulturen, der Länge der Fermentierung und der Temperatur ab. Wir gehen in diesem Abschnitt nur kurz auf die Stoffe ein, die während der Fermentierung gebildet werden. Wenn Sie dieses Thema stärker interessiert, können wir Ihnen das Buch *Handbook of fermented funcitonal foods* wärmstens empfehlen.

IST FERMENTIERTES ESSEN PROBIOTISCH?

Wenn Sie sich an die Definition von Probiotika auf Seite 20 erinnern, ist Ihnen bewusst, dass es für die Bezeichnung »probiotisch« notwendig ist, dass die lebenden Mikroorganismen bekannte gesundheitsfördernde Effekte haben. Deshalb kann fermentiertes Essen nicht ohne Weiteres probiotisch genannt werden, es sei denn, es sind probiotische Arten mit gut erforschtem Hintergrund zugesetzt. Wissenschaftlich durchleuchtet sind vor allem einige der gesäuerten – und pasteurisierten – Milchprodukte, also jene, die es im Supermarkt gibt, deren Inhaltsstoffe kontrolliert sind und bei denen es die Möglichkeit gibt, Patente auf spezifische Unterarten anzumelden.

Darüber hinaus gibt es die internationale Forderung, dass ein fermentiertes beziehungsweise gesäuertes Lebensmittel 10 Millionen CFU pro Gramm[1] enthalten soll, um als probiotisch beworben werden zu können.[37] Man muss jedoch erwähnen, dass es in Europa nicht legal ist, probiotische gesundheitsfördernde Effekte in Lebensmitteln anzupreisen, da die EFSA, die Lebensmittelagentur der EU, die Wirkung noch als nicht genügend dokumentiert ansieht.[127] Genauso ist es nicht legal, das Wort »probiotisch« zuzufügen.[128]

Wenn also der dänische Milchprodukthersteller Arla schreibt, dass sein gesäuertes Produkt Cultura »den Magen im Gleichgewicht« hält, dann liegt das an dem Kalziumgehalt von Cultura, der eine dokumentierte Wirkung auf die Verdauung hat, nicht am Gehalt von Milchsäurebakterien.[129] Das bedeutet nicht, dass es nicht eine Reihe gesundheitsfördernder Eigenschaften von Mikroorganismen in lebenden, fermentierten Nahrungsmitteln

[1] *Die Einheit CFU pro Gramm steht für die Anzahl von* colony forming units *und ist eine Maßeinheit für die Lebenstüchtigkeit der Bakterien.*

gibt. Die einzelnen Arten und Unterarten sind nur noch nicht genügend erforscht, als dass akzeptable Studien vorliegen.

GENERELLE KENNZEICHEN – GESUNDHEITLICHER NUTZEN UND NEBENWIRKUNGEN

Bevor wir auf einige gängige fermentierte Nahrungsmittel näher eingehen, lassen Sie uns zuerst die generellen Kennzeichen fermentierten Essens betrachten.

Erstens enthält fermentiertes Essen typischerweise sowohl lebende Mikroorganismen als auch Nahrung, von der die Bakterien leben. Auf diese Weise ist fermentiertes Essen von Natur aus synbiotisch – die Mikroorganismen haben ihre eigene Brotzeit dabei. Man kann sich vorstellen, dass das die Überlebenschancen der Bakterien auf dem Weg durch den Verdauungskanal erhöht, sodass sie ihr Ziel, den Dickdarm, lebend erreichen und sich dort ansiedeln können.

Darüber hinaus ist fermentiertes Essen »vorverdaut«, da die Mikroorganismen die Rohware bereits gut durchgekaut und dabei zum Beispiel Proteine in leicht verdauliche Aminosäuren umgewandelt haben. Auf diese Weise stellt fermentiertes Essen kaum Anforderungen an unsere eigenen Verdauungssäfte wie Magensäure und Enzyme und kann als Schonkost für Menschen mit verminderter Verdauungskraft eingesetzt werden. Manche Länder verwenden Kefir in Krankenhäusern zur Behandlung Kranker mit Verdauungsproblemen oder Allergien und für kleine Kinder mit Malabsorption.[120] Dies ist auch gut für diejenigen, die Schwierigkeiten mit dem Abbau von Laktose in Milchprodukten haben. In gesäuerten Milchprodukten wie Joghurt und Kefir ist rund 30 Prozent der Laktose bereits abgebaut, und darüber hinaus enthalten diese Produkte Enzyme, die beim Abbau von Laktose im Darm helfen.[130, 131]

Ein alter Hausfrauenrat ist, vor oder zu einer Mahlzeit etwas Saures zu essen, weil dies hilft, die Verdauungssäfte anzuregen. Fermentiertes Essen hat einen niedrigen pH-Wert, das bedeutet, es ist sauer; eine Studie aus Russland hat gezeigt, dass tägliche Einnahme von Kefir (250 ml) die Magensäurebildung bei Kranken stimulieren konnte.[132]

Manchmal wird der hohe Gehalt an Mikronährstoffen von fermentiertem Essen betont. Aber der Vitamin- und Mineralstoffgehalt sind bei fermentiertem Essen erfahrungsgemäß normalerweise ungefähr derselbe wie in der ursprünglichen Rohware.[133] Allerdings enthält zum Beispiel Natto (fermentierte japanische Sojabohnen) Vitamin K2 in höheren Konzentrationen. Allerdings ist zu erwarten, dass Mineralstoffe, die normalerweise in Proteinstrukturen gebunden sind, in fermentiertem Essen in zugänglicherer, leichter aufnehmbarer Form vorhanden sind.

Wir müssen auch kurz auf mögliche Nebenwirkungen von fermentiertem Essen eingehen. Es können nämlich Amine wie Histamin gebildet werden, wenn Bakterien bestimmte Aminosäuren abbauen.[134] In Sauerkraut ist zum Beispiel ein Gehalt von 12 bis 78 Milligramm Histamin pro Kilo[133] zu erwarten. Für Menschen, die histaminintolerant sind, also für jene, die nicht so viel von dem Enzym Diaminoxidase produzieren, das Histamin abbaut, kann das vorübergehende allergieähnliche Symptome wie Rötung, Herzklopfen, Unruhe, Durchfall und Kopfschmerzen zur Folge haben.[135]

Lassen Sie uns einen Blick auf einige der gängigen fermentierten Lebensmittel werfen. Welche Mikroorganismen enthalten sie, und welche gesundheitsfördernden Eigenschaften sind bekannt?

KEFIR UND JOGHURT

In dänischen Joghurtprodukten sind normalerweise ein bis drei probiotische Bakterienarten wie L. casei, L. acidophilus, S. thermophilus oder L. bulgaricus (oft spezifische probiotische Unterarten) zugesetzt, und in Joghurt nimmt man erwartungsgemäß 10 bis 20 Millionen probiotische Bakterien pro Gramm zu sich.[136] Auf diese Weise werden die internationalen Anforderungen für ein probiotisches Lebensmittel erfüllt, auch wenn man diese Bezeichnung in der EU nicht verwenden darf. Studien mit Trinkjoghurts zeigen positive Auswirkungen auf Verstopfung, Verdauungssymptome und die Immunabwehr.[137]

Kefir wird aus Kefirkristallen gemacht, die aus vielen verschiedenen Bakterien und Hefepilzen bestehen, die in Proteine und Kohlenhydrate eingehüllt sind. Die drei bakteriellen Hauptgattungen in Kefir sind Lactobacillus, Lactococcus und Leuconostoc.[130] Eine kanadische Studie[138] verglich eine Reihe kanadischer Joghurt- und Kefirprodukte und kam zu dem Schluss, dass in Joghurt in der Regel ein bis zwei Bakterienunterarten und rund 1 Milliarde CFU pro Portion enthalten waren, in Milchkefir jedoch bis zu 16 verschiedene Bakterienarten und Hefepilze und bis zu 45 Milliarden CFU pro Portion, wenn man eine Portion mit 100 Gramm bemisst (siehe Tabelle auf Seite 45).

Kefir ist eines der fermentierten Lebensmittel, das ein wenig erforscht ist. Kleinere Studien an Menschen zeigen unter anderem einen antibakteriellen Effekt, eine Reduktion der Entzündungen nach intensiver Bewegung, ein verbessertes Behandlungsresultat bei H.-Pylorii-Infektion (Magengeschwürbakterien), erhöhte Knochenmineraldichte bei Osteoporose und weniger Verstopfungen.[137] Es gibt darüber hinaus eine Reihe von Labor- und Tierstudien zu Kefir, die eine Reihe bioaktiver krebshemmender Stoffe in Kefir nachweisen.[139]

KÄSE

Rohmilchkäse wird aus Rohmilch, also aus unbehandelter beziehungsweise nicht pasteurisierter Milch, hergestellt. Hierbei werden die Bakterien nicht durch Pasteurisierung abgetötet und tragen daher zur Säuerung des Käses bei. Eine Studie mit einem Rohmilchkäse von tibetanischen Yaks[140] fand 192 verschiedene Arten, wovon 69 Lactobacillus-Arten waren. In normalen dänischen pasteurisierten Käsesorten finden Sie nur die Milchsäurebakterienarten, die als Starterkulturen verwendet wurden. Studien mit Menschen zeigt, dass der tägliche Verzehr von probiotischem Käse, also von Käse, dem bekannte probiotische Unterarten zugesetzt wurden, unter anderem die Immunfunktion und die Insulinregulierung verbessern kann.

FERMENTIERTER KOHL: KIMCHI UND SAUERKRAUT

Viele Gemüsesorten können für spontane Fermentierung verwendet werden. Kohl hat zum Beispiel einen natürlichen hohen Gehalt an Milchsäurebakterien und wird oft zu Sauerkraut oder Kimchi fermentiert. Die Fermentierung selbst ist ein komplexer mikrobieller Prozess, der Geschmack und Dominanz von Bakterien und Inhaltsstoffen mit der Zeit verändert. Wir betrachten im Folgenden Kimchi näher, doch viele der Kennzeichen gelten auch für Sauerkraut.

Kimchi ist die klassische koreanische Fermentierung von Gemüse, wie sie oft mit Chinakohl, Radieschen, Gurken und Gewürzen wie Knoblauch, Chili und Ingwer durchgeführt wird. Die Koreaner essen täglich 50 bis 200 Gramm Kimchi. Es enthält rund ein Milliarde CFU milchsäureproduzierender Bakterien pro Gramm,[142] also 100 Mal so viele Mikroorganismen pro Gramm wie Joghurt. Hinzu kommen zahlreiche Stoffe wie Laktat, der Neurotransmitter GABA, antimikrobielle Stoffe und Ballaststoffe.[142, 143] Studien haben gezeigt, dass Kimchi unter anderem den Appetit stärken, Verstopfung behandeln und die Mikrobiota regulieren[144] und möglicherweise auch krebshemmende und blutdrucksenkende Eigenschaften haben kann.[145]

Unter den gesunden Nährstoffen, die besser zugänglich und aufnehmbar gemacht werden, wenn man Kohl zu Kimchi und Sauerkraut fermentiert, sind Glucosinolate. Das ist eine Gruppe schwefelreicher Stoffe, die dem Kohl seinen bitteren, scharfen Geschmack geben. Wenn wir Kohl fermentieren, werden diese Glucosinolate in sekundäre Stoffe umgewandelt, zum Beispiel in Indole und Isothiocyanate, die von Körperzellen verwendet werden und die unter anderem krebs- und entzündungshemmende Eigenschaften haben.[133] Der Ballaststoffgehalt verbleibt in Sauerkraut und Kimchi ebenfalls hoch, wenn Sie also fermentierten Kohl essen, bekommen Sie auch einen guten Ballaststoffzusatz für Ihre Darmmikrobiota.

MISO

In Asien fermentiert man Soja zu Miso, Natto, Sojasauce beziehungsweise Tamari. Miso ist fermentierte Sojapaste aus Soja, Salz und einer Starterkultur (einem Schimmelpilz wie Aspergillus oryzae). Miso enthält eine Reihe von Mikroorganismen, darunter Hefepilze und Laktobazillen. Die Paste kann in eine schöne Schale Knochenbrühe gegeben werden und ist ein natürlicher Teil der japanischen Küche, wo sie als entgiftend und krankheitsvorbeugend angesehen wird. Gesundheitliche Effekte sind zum Beispiel geringeres Vorkommen von Magenkrebs. Außerdem soll Miso angeblich Schwermetalle binden und ihnen bei ihrem Weg aus dem Körper helfen.[146]

PASTEURISIERUNG

Beim Pasteurisieren werden Lebensmittel für kurze Zeit erhitzt. Milch wird bei 63 bis 72 °C 15 bis 30 Sekunden lang pasteurisiert. Pasteurisierung hat zur Folge, dass die Mikroorganismen abgetötet werden. Bei der Produktion von Joghurt und Käse wird die Milch erhitzt, wieder abgekühlt und dann eine Starterkultur zugesetzt. Pasteurisiertes Sauerkraut ist dagegen erst erhitzt worden, kurz bevor es ins Glas oder in die Dose kam.

ZUSAMMENFASSUNG

Wenn Sie fermentiertes Essen kaufen, wählen Sie Produkte aus dem Kühlfach. Hier werden Sie Lebensmittel finden, die nach dem Fermentieren nicht pasteurisiert wurden – also bei denen die Mikroorganismen immer noch lebendig sind. Wenn Sie auf viele Milliarden und viele Arten aus sind, bekommen Sie die größte Ausbeute, wenn Sie nicht pasteurisiertes fermentiertes Gemüse den gesäuerten Milchprodukten vorziehen. Bei Milchprodukten hat Kefir eine größere Menge und Vielfalt an Mikroorganismen als Joghurt.

VERWENDEN SIE FERMENTIERTES ESSEN IM ALLTAG

JOGHURT UND KEFIR SIND ZUM FRÜHSTÜCK EINE LEICHTE WAHL, KÖNNEN ABER AUCH FÜR DRESSINGS UND SOSSEN VERWENDET WERDEN. KOMBUCHA KANN MAN TRINKEN, ABER AUCH ALS ESSIG VERWENDEN. GEBEN SIE EINFACH EIN PAAR ESSLÖFFEL ÜBER IHREN SALAT ODER IHR GEMÜSE. VERMENGEN SIE EINE KLEINE TASSE KOMBUCHA, WASSERKEFIR, KWAS ODER JOGHURT MIT IHREM SAFT ODER SMOOTHIE. EINE KLEINE HANDVOLL SAUERKRAUT IN EINEM SALAT GIBT EINEN SÄUERLICHEN, SPANNENDEN KONTRAST ZU DEM ANSONSTEN FRISCHEN GESCHMACK. EIN PAAR LÖFFEL SAUERKRAUT IN DER PASTASOSSE ODER ÜBER EIN SPIEGELEI VERTEILT, SIND EBENFALLS LECKER, ODER ESSEN SIE ES EINFACH ALS BEILAGE ZUM BELEGTEN BROT. ES SIND NICHT IMMER DIE GROSSEN MENGEN, DIE ZÄHLEN. VERWENDEN SIE MISO ODER ANDERE FERMENTIERTE SOJAPRODUKTE WIE SHOYU UND TAMARI ALS SALZ- UND GESCHMACKSLIEFERANT ANSTELLE VON SALZ UND BRÜHWÜRFELN. ALLE DREI GEBEN EINEN GUTEN UMAMI-GESCHMACK.

Beispiele für fermentierte Lebensmittel

- Milchprodukte: A38, Crème fraîche, Kefir, traditionelle Buttermilch, Käse (vor allem Rohmilchkäse), Skyr, Dickmilch, Ymer und Joghurt
- Gemüse: Kimchi, Oliven, Pickles, Sauerkraut
- Getränke: Brottrunk, Kombucha, Kwas, Naturweine, Wasserkefir, Weinessig
- Soja: Miso, Natto, Sojasoße, Tamari, Tempeh

AKTIV IN FERMENTIERTEN LEBENSMITTELN[136–138, 142, 147]

Produkt	CFU/g	Arten/Unterarten
Kefir (Kanada)	bis zu 450 Mio/g	bis zu 16 (laut kanadischer Studie Hefepilze und Bakterien, u. a. L. casei, L. rhamnosus, L. lactis. B. lactis, S. thermophiles und Arten von Leuconostoc und Lactococcus
A38	10 Mio/g	1 (L. acidophilus)
Cultura	21 Mio/g	3 (L. acidophilus LA-5, L. casei F-19, Bifidobakterium BB-12)
Joghurt (Arla)	20 Mio/g	2 (S. thermophiles, L. bulgaricus)
Kimchi	1.000 Mio/g (1 Mrd.)	viele; gehören zu 3 Gattungen (Lactobacillus, Leuconostoc und Pediococcus)
Sauerkraut	1.000 Mio/g (1 Mrd.)	viele; Leuconostoc, L. plantarus am häufigsten, darüber hinaus u. a. Weissella, L. argentinum, L. coryniformis, L. citreum, L. paraplantarum, L. paracasei, L. breve

SO STÄRKEN SIE IHRE DARMMIKROBIOTA

Auf eine Art ist es sehr befreiend, dass es keine optimale Darmmikrobiota gibt, dass viele verschiedene Zusammensetzungen von Stämmen, Gattungen, Arten und Unterarten dieselben wichtigen Funktionen ausführen können. Aber auch wenn die Mikrobiota flexibel ist und sich der Nahrung und den Lebensumständen anpasst, die wir ihr bieten, ist es nicht egal, welchen Dingen wir sie aussetzen. Man kann es ungefähr damit vergleichen, seinen Garten zu pflegen, dem man ja auch Dünger und Kompost zufügen und in dem man wechselnden Anbau betreiben sollte, um bestmögliches Wachstum zu erreichen.

Was können Sie also tun, um Ihre Mikrobiota zu stärken? Die beste Möglichkeit, die Sie haben, ist das Essen, und dabei steht Ihnen vieles offen. Sie können jeden Tag fermentiertes Essen zu sich nehmen, am besten unterschiedliches, und auf diese Art ein natürliches breites Angebot von Mikroorganismen und der Nahrung, von der sie leben, aufnehmen. Darüber hinaus können Sie Ihre Darmbakterien mit ballaststoffreicher Kost füttern. Sie können auf spezifische präbiotische Lebensmittel wie Topinambur und kalte Kartoffeln bauen, aber es kann große Vorteile haben, sich in größerem Umfang auf Ballaststoffe zu fokussieren. Denn Ballaststoffe können viel mehr als nur bakterielles Wachstum stimulieren. Sie können dabei helfen, Hunger, Cholesterinspiegel, Blutzucker und Insulinempfindlichkeit zu regulieren, einen weichen Stuhlgang fördern und die Entgiftungsfähigkeiten des Darmes verbessern. Auf diese Art können Ballaststoffe dazu beitragen, vor Herz-Kreislauf-Erkrankungen und Diabetes Typ 2 zu schützen und bei der Regulierung des Körpergewichts zu helfen.[147]

BALLASTSTOFFE IN GROSSEN MENGEN FINDET MAN IN LEBENSMITTELN WIE BOHNEN, LINSEN, KALTEN KARTOFFELN, SAMEN, KERNEN UND NÜSSEN. ANDERE GUTE QUELLEN SIND VOLLKORNPRODUKTE WIE HAFERFLOCKEN ODER ANDERE GETREIDEFLOCKEN – UND ROGGENBROT NICHT ZU VERGESSEN. IN KLEINEREN MENGEN FINDEN SICH BALLASTSTOFFE AUCH IN GEMÜSE UND OBST, VOR ALLEM IN FRÜCHTEN WIE BROMBEEREN, HIMBEEREN, ÄPFELN UND AVOCADO, SOWIE IN GEMÜSE WIE ERBSEN, ROSENKOHL, KOHL[148] UND SAUERKRAUT BEZIEHUNGSWEISE KIMCHI. SIE KÖNNEN AUCH TÄGLICH EINEN BALLASTSTOFFZUSATZ WIE FLOHSAMENSCHALEN ZU SICH NEHMEN.

Was Gemüse und Obst an Ballaststoffen fehlt, machen sie mit Vitaminen, Mineralstoffen und all den farbigen Pflanzennährstoffen wie beispielsweise Polyphenolen wett, die dazu beitragen, unsere Mikrobiota und unsere Gesundheit im Allgemeinen zu regulieren. Versuchen Sie, jeden Tag Gemüse in allen Farben des Regenbogens zu essen, dann impfen Sie konstant Ihr Inneres – und Äußeres – mit lebenstauglichen Bakterien und Vitalstoffen.

Die Vielfalt des Lebens in Ihrem Darm können Sie auch unterstützen, indem Sie Ihr Essen variieren und in engem Kontakt zur Natur leben. Probieren Sie also neue Lebensmittel, gehen Sie in die Natur hinaus, und kehren Sie mit Erde unter den Nägeln zurück. Lassen Sie biologisches Wurzelgemüse ungeschält, und schrubben Sie es nur sauber. Auf diese Weise bekommen Sie vielleicht auch ein paar Erdbakterien.

Es ist ebenfalls wichtig, Dinge zu vermeiden, die die Darmmikrobiota stören. Es steht außer Frage, dass man mit Antibiotika und anderen Medikamenten umsichtig umgehen muss, es sei denn, es ist unbedingt notwendig. Genauso sollte man seine Aufmerksamkeit für andere Fremdstoffe wie Pestizidreste, Zusatzstoffe und künstliche Süßungsmittel schärfen. Wir wissen inzwischen außerdem, dass die Mikrobiota wie der restliche Körper von Schlafmangel und Stress negativ beeinflusst wird.

Sorgen Sie dafür, dass Sie mindestens einmal am Tag auf die Toilette gehen, damit Stoffe, die der Körper loszuwerden versucht, nicht zu lange im Darm bleiben und dort das Gleichgewicht stören. Hier ist der Geruch ein guter Hinweis darauf, wie es Ihrem Darm geht. Etwas vereinfacht ausgedrückt – je weniger übel riechend Ihre Darmluft und Ihr Stuhl ist, desto besser. Professor Oluf Borbye Pedersen erklärt, dass Ihr Stuhl gerne »duften darf wie der Waldboden an einem Frühlingstag«.[149] Das ist vielleicht ein etwas ehrgeiziges Ziel, aber nichtsdestotrotz einen Versuch wert.

So stärken Sie Ihre Mikrobiota

- Essen Sie fermentierte Lebensmittel.
- Essen Sie farbenfrohe pflanzliche Nahrung.
- Essen Sie Lebensmittel, die reich an Omega-3-Fettsäuren sind.
- Essen Sie viele Ballaststoffe von Samen, Kernen, Nüssen, Getreide, Hülsenfrüchten, kalten Kartoffeln.
- Schlafen Sie gut, bewegen Sie sich, und pflegen Sie Ihre Freundschaften und wichtigen Beziehungen.
- Trinken Sie reines Wasser.
- Gehen Sie hinaus in die Natur.
- Gehen Sie regelmäßig auf die Toilette.

ZUSAMMENFASSUNG

Was während des Schreibprozesses wohl den größten Eindruck bei uns hinterlassen hat, ist, welch großen Einfluss das Essen auf unsere Mikrobiota hat. Und was für ein einseitiger Zugang es ist, unser Ökosystem im Darm nur mit Probiotika zu behandeln. Denn wir beherbergen eine komplexe mikrobielle Gesellschaft mit eigenen Regeln und Logik für die Koexistenz, die mit uns in Symbiose lebt.

Bis die Wissenschaft die Mikrobiota und ihre Funktion besser kartiert hat, schlagen wir vor, die Priorität auf *ganzes* und *lebendiges* Essen mit *allen* Aktivstoffen zu setzen, um die Darmmikrobiota zu stärken. Das ist besser, als sich mit allen möglichen Einzelpräparaten mit schmalem Spektrum einzudecken. Das Essen bringt uns unglaublich viel mehr Gewinn – und es schmeckt besser.

Wir sollten uns auch den Einfluss unseres Lebensstils auf die Mikrobiota bewusst machen – denn etwas daran bewegt sich in eine ungünstige Richtung: Der derzeitige moderne westliche Lebensstil, bei dem wir mehr still sitzen als jemals zuvor; die vielen Kaiserschnittgeburten; die Qualitätsverringerung der gewöhnlichen Lebensmittel; die hochveredelten Züchtungen mit Verlust von Geschmack und Nährstoffen; der massive Einfluss von Umweltgiften und ungetesteten chemischen Verbindungen in allem, womit wir uns umgeben; der steigende Verbrauch von Medikamenten im Laufe eines Menschenlebens; und ein Leben, das von Natur und Tieren abgeschnitten ist. Alles in allem ist dies eine Lebensführung, die radikal anders ist als noch vor ein paar Generationen.

Das Problem besteht darin, dass die menschlichen Zellen und ihre Funktionen unverändert geblieben sind. Die alten biologischen Systeme im Säugetierkörper tun genau das, was sie immer getan haben – sie sorgen dafür, das Leben aufrechtzuerhalten, sich fortzupflanzen und in Symbiose mit der Umgebung zu funktionieren.

Die Konsequenz eines westlichen modernen Lebensstils ist eine sinkende Vielfalt in der Mikrobiota – wir haben wichtige Bewohner unseres Darms verloren und auf diese Weise das Risiko für eine Reihe chronischer Krankheiten erhöht. Aber wir haben uns selbst und vor allem die kommenden Generationen vielleicht auch weitreichenderen Gefahren ausgesetzt, als wir uns momentan überhaupt vorstellen können. Die Gesellschaft, die sich in Ihrem Darm befindet, ist ein Mikrokosmos dessen, was in der Umwelt um uns geschieht. Sinkende Diversität und weniger Vielfalt gibt es zurzeit in allen Ökosystemen auf allen Ebenen.

Der Anthroposoph Rudolf Steiner war der Überzeugung, unsere Mikrobiota sei der Anknüpfungspunkt für die menschliche Lebenskraft und Verbundenheit zum Leben, der Natur und dem Universum. Vielleicht ist der Verlust der Diversität ein Bild des gegenwärtigen urbanen Lebens der Menschen, losgelöst von der Erde und voneinander. Jedenfalls sollten wir Therapeuten und Gesundheitsberater vielleicht genau an diesem Punkt die Patienten zuallererst evaluieren und die Behandlung beginnen. Es ist nicht so, dass der Blick auf die Darmmikrobiota und der Genuss lebendiger, fermentierter Nahrung alles erklärt – aber ohne diesen Blick kommen wir nirgendwohin.

GLOSSAR

Diversität – Grad der Variation der Mikroorganismen in einem Ökosystem, in diesem Buch in dem des Darms.

Dysbiose – ein Zustand des Ungleichgewichts in der Mikrobiota. Meist wird eine sinkende Diversität beobachtet, doch darüber hinaus auch eine Reduktion von Symbionten und ein entsprechender Anstieg der Pathobionten.

Fermentierung – ein Prozess, bei dem Mikroorganismen einen einfachen Rohstoff in einen anderen Stoff umwandeln oder transformieren, normalerweise mithilfe von Enzymen und unter anaeroben Verhältnissen, das heißt ohne Sauerstoff. Andere Worte für Fermentierung sind »Säuerung« und »Gärung«.

Mikrobiota (Darm) – die ökologische Gesellschaft von Mikroorganismen wie Bakterien, Pilzen und Viren sowie anderen, kaum bekannten Arten wie zum Beispiel Archaeen und Protisten, die in unserem Darm leben.

Mikrobiom (Darm) – die Gesamtheit an Mikroorganismen in der ökologischen Gesellschaft unseres Darms und ihr kollektives Erbmaterial (Gene). Der Ausdruck wird oft synonym mit Mikrobiota verwendet.

Pathobionten – Organismen, die Probleme schaffen können, wenn sie zu viele werden. Sie sind daran beteiligt, die Immunabwehr zu erziehen und reifen zu lassen, sie tragen also zu etwas Gutem bei, solange sie nicht zu viel Raum bekommen.

Präbiotika – Lebensmittelkomponenten, die selektiv von manchen Mikroorganismen verwendet werden und einen gesundheitlichen Gewinn für den Wirt darstellen.

Probiotika – lebende Mikroorganismen, die dem Wirt einen gesundheitlichen Vorteil bringen, wenn sie in ausreichender Menge aufgenommen werden.

Symbionten – Organismen, die in Symbiose mit anderen Organismen leben.

Symbiose – ein enges und oft lang anhaltendes Zusammenleben zwischen zwei oder mehreren verschiedenen biologischen Arten, in der Regel zum Vorteil für alle Beteiligten.

HÄUFIGE FRAGEN

PRÄBIOTIKA

WORAN ERKENNE ICH, DASS MEINE NAHRUNGSERGÄNZUNGSMITTEL PRÄBIOTIKA ENTHALTEN?

Präbiotika haben viele Namen. Die meistverwendeten sind die Fruktane FOS (Fructooligosaccharide) und Inulin, die in vielen Obst- und Gemüsesorten enthalten sind. Aber sie können auch Bezeichnungen wie GOS, Isomalto-Oligosaccharid, Lactilol, Laktosucrose, Laktulose, Oligofructose, Pyrodextrin, Oligosaccharide aus Soja, Transgalacto-Oligosaccharide und Xylo-Oligosaccharide haben. Unser Vorschlag: Essen Sie Topinambur und ballaststoffreiches Essen, dann bekommen Sie zusammen mit den Präbiotika auch noch massenweise andere aufbauende Pflanzenstoffe – und das völlig gratis.

WELCHE ZUSATZPRÄPARATE ENTHALTEN PRÄBIOTIKA?

Einige der rein präbiotischen Zusatzpräparate, die man kaufen kann, sind zum Beispiel Inulin hochgradiges prebiotisches Ballaststoffpulver von Nu U Nutrition; Inulin von Kraftmischer; Inulin Bio Agave von EnergyBalance. Andere Ballaststoffzusätze wie Flohsamenschalen haben ebenfalls präbiotische Wirkung, vielleicht nicht ganz so starke wie die rein präbiotischen Ballaststoffzusätze. Laktulose kann ebenfalls als präbiotischer Zusatz betrachtet werden. Zum veterinären Gebrauch gibt es ProFeed von Max Flow, aus Zuckerrohr gewonnene kurzkettige Fructo-Oligosaccharide.

WIE VIELE BALLASTSTOFFE SOLL ICH TÄGLICH ZU MIR NEHMEN?

In Dänemark wie Deutschland wird Erwachsenen eine Einnahme von täglich 25 bis 35 Gramm empfohlen. Früher verzehrten Menschen täglich vermutlich über 100 Gramm pro Tag wie beispielsweise der auf Seite 16 beschriebene Hadza-Stamm. Eine gute Richtlinie sind 50 Gramm Ballaststoffe am Tag, was schwer zu erreichen sein kann, selbst für Veganer, die nur pflanzliche Nahrung essen. Den meisten Westeuropäer wird deshalb ein Ballaststoffzusatz von 5–10 Gramm guttun, zum Beispiel in Form von Flohsamenschalen oder anderen erhältlichen Ballaststoffzusätzen.

WERDEN DIE PRÄBIOTIKA ZERSTÖRT, WENN MAN GEMÜSE ERHITZT?

Generell werden nur wenige Ballaststoffe durch Erhitzen zerstört. Essen Sie also ruhig Ihr Gemüse, ob kalt oder warm – aber denken Sie daran, auch mal kalte Kartoffeln auf den Speisezettel zu setzen. Mehr darüber auf Seite 36.

PROBIOTIKA

Klassische probiotische Zusatzpräparate enthalten normalerweise vor allem Arten und Unterarten der Gattungen Bifidobakterium und Lactobacillus. Das Angebot ist groß, die Preise oft hoch, sodass man schnell den Überblick verliert. Welche Zusatzpräparate sind für wen gut, und wie viele Milliarden an Bakterien müssen sie enthalten?

SOLLTE JEDER PROBIOTISCHE ZUSATZPRÄPARATE EINNEHMEN?

Nicht jeder hat Bedarf an probiotischen Zusatzpräparaten. Normalerweise sollte es eine Indikation geben – etwas, das auf ein Ungleichgewicht in der Mikrobiota hinweist. Der wichtigste Grund für die Verwendung probiotischer Zusatzpräparate ist zu versuchen, die Balance in der Mikrobiota *wiederherzustellen*.

In der klinischen Praxis der *Functional Medicine* empfehlen wir oft, Probiotika auszuprobieren, wenn Verdauungsleiden vorliegen, aber auch bei entzündlichen oder autoimmunen Zuständen – und ebenfalls, wenn es keine direkten Symptome im Magen-Darm-Bereich gibt wie zum Beispiel bei Gicht, Diabetes, Schuppenflechte, Übergewicht, Asthma und Ekzeme.

Probiotische Zusatzpräparate können auch zur generellen Vorbeugung von Durchfall auf Reisen, in Stressperioden oder unter medizinischer Behandlung mit beispielsweise Antibiotika verwendet werden. Oft werden Probiotika während Antibiotikakuren als Stütze für die Mikrobiota empfohlen, um Störungen und Durchfall während und nach der Behandlung zu vermeiden. Denken Sie hier daran, die Zusatzpräparate mit zwei bis drei Stunden Abstand zum Antibiotikum zu nehmen – ansonsten kann das Antibiotikum die Bakterien des Probiotikums abtöten. Mehr über Probiotika erfahren Sie zum Beispiel hier: *https://isappscience.org/probiotics/.*

WIE VIELE MILLIARDEN UND WIE VIELE ARTEN GIBT ES?

Für die allgemeine Erhaltung der Mikrobiota wird normalerweise die Einnahme von 1 bis 15 Milliarden täglich empfohlen.[150] Riesendosen von 75 bis 100 Milliarden können während Kuren oder in zielgerichteten Behandlungen verwendet werden – und sollten nicht langfristig oder ohne einen klaren Überblick über das gesamte Krankheitsbild eines Menschen eingenommen werden.

Ob mehr immer besser ist, ist fraglich, und die Dosierung ist in keiner Weise so scharf eingegrenzt wie bei der Empfehlung von Vitaminen oder Medikamenten. Eine Herausforderung hinsichtlich der Dosierung ist, dass Studien die probiotischen Zusatzpräparate normalerweise nicht auf verschiedene Dosen testen.[38]

WELCHE PROBIOTISCHEN ZUSATZPRÄPARATE SOLL ICH NEHMEN – GENERELLE ODER SPEZIELLE UNTERARTEN?

Bei manchen Krankheiten und Symptomen haben Studien beim Gebrauch von spezifischen Arten und Unterarten besonders gute Wirkung nachgewiesen. Um zum Beispiel Durchfällen bei Kindern aufgrund von Antibiotika vorzubeugen, sieht man bei spezifischen probiotischen Nahrungsergänzungsmitteln einen schützenden Effekt.[52] Fragen Sie in Ihrer Apotheke oder im Reformhaus nach, dort kennt man normalerweise den Aufbau der aktuellen Produkte.

Übersichten, die Ihnen die Wirkungen verschiedener probiotischer Zusatzpräparate auf spezifische Leiden darlegen, finden Sie zum Beispiel hier:
www.ncbi.nlm.nih.gov/pmc/articles/PMC3424311/pdf/nihms395237.pdf
www.probioticchart.ca.

WAS SOLL ICH MIR WÄHLEN?

Nehmen Sie ein Produkt eines Produzenten, zu dem Sie Vertrauen haben und der am besten zumindest getestet hat, wie viele lebende Bakterien den Dickdarm erreichen. Wenn es Wirkungsstudien gibt, ist es noch besser. Oder sehen Sie zumindest nach, ob Sie auf dem Etikett grundlegende Informationen finden – beispielsweise zu Art und Unterart der unterschiedlichen Mikroorganismen, wie viele lebende Bakterien zu erwarten sind, Verfallsdatum, empfohlene Aufbewahrungsart und empfohlene Dosis.

KÖNNEN KLEINE KINDER PROBIOTIKA NEHMEN?

Probiotika sind schon oft in sehr sicherer Form bei kleinen Kindern verwendet worden, und inzwischen gibt es mehrere Produkte auf dem Markt, die speziell für die Mikroflora dieser Altersgruppe hergestellt wurden. Typische Nahrungsergänzungsmittel enthalten primär Bifidobakterien wie B. lactis und B. infantis, können aber auch Laktobazillen wie L. acidophilus und L. rhamnosus GG und Streptokokkus thermophilus beinhalten. Studien an ganz kleinen Kindern zeigen unter anderem einen geringeren Bedarf an Antibiotika,[151] besseres Wachstum,[152] geringeres Vorkommen von Neurodermitis bei ganz kleinen Kindern[79] und geringeres Vorkommen von akutem Durchfall.[153] Lesen Sie auf Seite 24, unter welchen Umständen man mit Probiotika bei Kindern aufpassen muss.

PROBIOTISCHE NAHRUNGSERGÄNZUNGSMITTEL – FLÜSSIG, ALS PULVER ODER IN KAPSELFORM?

Bakterienkulturen sind in Pulverform, in Kapseln und flüssig erhältlich. Es gibt ständig neue Produkte, und immer ist fraglich, wie lebenstüchtig die Bakterien tatsächlich sind, wenn sie den Verbraucher und seinen Darm erreicht haben. Probiotika in flüssiger Form enthalten *generell* lebende Bakterien sowie eine ernährende Substanz, Präbiotika, für die Bakterien. Deshalb ist eine korrekte Aufbewahrung im Kühlschrank wichtig; die Haltbarkeitsdauer kann kurz sein, da die Bakterien sterben, wenn die Nahrung in der Flüssigkeit aufgebraucht ist.

Probiotische Pulver, zum Beispiel in Kapseln, enthalten typischerweise Probiotika, die bei niedrigen Temperaturen unter Druck gefriergetrocknet wurden, um den Wassergehalt zu entfernen. Das bewirkt, dass die Bakterien länger aufbewahrt werden können; erst wenn ihnen Feuchtigkeit zugeführt wird, beginnen sie, zu leben und sich zu formieren. Ob eine gekühlte Aufbewahrung notwendig ist, hängt von den betreffenden Unterarten ab – das geht aus der Packungsbeilage hervor.

WANN AM TAG SOLL ICH DIE PROBIOTIKA NEHMEN?

Bei einigen Produkten wird eine Einnahme zu den Mahlzeiten empfohlen, bei anderen zwischen den Mahlzeiten oder kurz vor dem Schlafengehen. Es gibt nicht viele Studien darüber, was am besten ist. Sehen Sie nach, was auf der Packungsbeilage empfohlen wird, ansonsten ist unser Rat: Nehmen Sie das Probiotikum zu dem Zeitpunkt am Tag, der Ihnen am besten passt, dann fällt Ihnen die Einnahme am leichtesten.

AUFBEWAHRUNG IM KÜHLSCHRANK?

Die meisten probiotischen Nahrungsergänzungsmittel halten sich im Kühlschrank länger, da die Bakterien in Kühlschranktemperatur besser überleben können als in Zimmertemperatur, dies gilt zum Beispiel für L. rhamnosus. Aber noch einmal: Lesen Sie, was in der Packungsbeilage empfohlen wird.

WIE VIELE PROBIOTISCHE BAKTERIEN SIND IN PROBIOTISCHEN LEBENSMITTELN ENTHALTEN?

Lebensmittel dürfen normalerweise international als probiotisch beworben werden, wenn sie einen Mindestgehalt von 10 Millionen probiotischen Bakterien pro Gramm haben (10 Mio. CFU/g) oder eine Milliarde pro 100 Gramm. Beachten Sie auch die Tabelle auf Seite 45 über den Gehalt probiotischer Bakterien beziehungsweise Mikroorganismen bei fermentierten Lebensmitteln.

WAS MACHE ICH, WENN MIR VON EINEM PROBIOTISCHEN NAHRUNGSERGÄNZUNGSMITTEL SCHLECHT WIRD?

Machen Sie eine Pause, beginnen Sie dann mit einem Viertel der Dosis neu, und steigern Sie sie im Verlauf einer Woche. Manchmal kann man Probleme bekommen, weil eine zu kräftige Zufuhr von darm- oder immunstimulierenden Bakterien den Körper fordert. Oft geht das Unwohlsein nach einigen Tagen vorüber, wenn Ordnung und neues Gleichgewicht in das Milieu gekommen sind. Wenn Sie anhaltende Probleme haben, besprechen Sie es mit Ihrem behandelnden Arzt, Gesundheitsberater oder einem anderen Fachmann.

HABEN KNOCHENBRÜHE, KURKUMA ODER KOKOSÖL EINFLUSS AUF DIE MIKROBIOTA?

Ja, aber nicht direkt. Alle drei genannten Dinge sind effektive Lebensmittel, die die Verdauung unterstützen – Knochenbrühe mit aufbauenden Stoffen wie Glutamin für die Darmschleimhaut und Kurkuma und Kokosöl durch ihre pflanzlichen Nährstoffe (Polyphenole), bei denen eine Wirkung vermutet wird, auch auf die Darmmikrobiota.

FERMENTIERTE LEBENSMITTEL

KANN ICH MILCHSÄUREBAKTERIEN NEHMEN, WENN ICH KEINE MILCH VERTRAGE?

Milchsäure, oder lateinisch »Laktat«, ist der Name nützlicher Säuren, die die Milchsäurebakterien produzieren. Milchsäurebakterien und -zusatzpräparate können also von Leuten mit Milchallergie, Laktoseintoleranz und Ähnlichem problemlos verzehrt werden, wenn auch der Name verwirren kann.

KANN ICH JOGHURT ODER MILCHKEFIR ESSEN, WENN ICH KEINE LAKTOSE VERTRAGE?

Manche Menschen sind laktoseintolerant, das bedeutet, ihnen fehlt das Enzym Laktase, das Laktose (Milchzucker) aus Milchprodukten spaltet, oder sie haben zu wenig davon. Das kann Symptome wie Durchfall, Verstopfung, Magendrücken, Blähungen und Unbehagen zur Folge haben. Die Laktosemenge ist bei Joghurt und Kefir im Verhältnis zu Milch um 30 Prozent reduziert, es verschwindet also bei der Fermentierung nicht alle Laktose. Laktoseintolerante vertragen geringere Mengen Laktose meist gut, das Sicherste ist also, vorsichtig zu probieren oder den Joghurt längere Zeit fermentieren zu lassen, wenn Sie ihn selbst machen. Die Menge an Milchzucker sinkt nämlich parallel zur Fermentierungszeit.

WO KANN ICH FERMENTIERTES ESSEN KAUFEN, WENN ICH ES NICHT SCHAFFE, ES HERZUSTELLEN?

Inzwischen kann man in vielen Reformhäusern und auch Supermärkten fermentiertes Essen kaufen. Wie immer ist unsere Haltung: Kaufen Sie, wenn möglich, ökologische, biodynamische oder lokal produzierte Waren. Achten Sie auf Produzenten wie complete organics, Marschland Naturkost, bio verde, alberts, tempehmanufaktur, Voelkel, Vita Biosa, diese Marken bieten fermentiere Produkte an. Wenn Sie fermentierte Lebensmittel kaufen, ist die Haltbarkeit lang, aber denken Sie daran, sie gekühlt aufzubewahren, sonst geht die Fermentierung weiter.

WELCHE FERMENTIERTEN PRODUKTE SOLL ICH NEHMEN?

Wenn Sie fermentierte Produkte kaufen, nehmen Sie, soweit möglich, Produkte aus dem Kühlregal. Dort finden Sie die Lebensmittel, die nach der Fermentierung nicht pasteurisiert wurden. Hier ein paar Tipps dafür:

Sauerkraut: Nicht pasteurisiertes Bio-Sauerkraut gibt es z.B. von Rödel Sauerkrautfabrik, demeter und eden.

In Deutschland ist Sauerkraut sehr weit verbreitet, aber meistens pasteurisiert, zudem sind oft Weinessig, Sodium Benzoate und andere Konservierungsstoffen sowie Zucker zugesetzt. Der Nährwert kann in Ordnung sein, aber die Milchsäurebakterien sind im Prozess deaktiviert worden.

Kimchi: Im Reformhaus beziehungsweise Bioladen oder im Asia-Supermarkt werden Sie fündig werden.

Miso: ist in verschiedenen Varianten von hell bis dunkel erhältlich. Gibt es auch unpasteurisiert.

Kombucha, Vita Biosa, Brottrunk, Wasserkefir, Sauerkrautsaft: Die Möglichkeiten sind vielfältig.

IST JOGHURT EIN GUTES FRÜHSTÜCK FÜR JEDEN TAG?

Eine Portion Joghurt aus dem Supermarkt enthält ein bis zwei Milliarden probiotische Bakterien. Es ist immer eine gute Idee, Ihre Kost zu variieren, da unsere Mikrobiota – und unser Immunsystem – Nutzen von vielen verschiedenen Eindrücken aus der äußeren Welt hat.

BEKOMMT MAN ROHMILCHKÄSE?

Anders als in manchen anderen EU-Staaten ist in Deutschland der Verkauf von Rohmilchkäse erlaubt. Sie finden ihn zum Beispiel in Biomärkten.

WAS KANN ICH FERMENTIEREN?

Sie können die meisten Rohwaren wie Getreideflocken, Milch, Obst, Gemüse fermentieren – und auch Fisch und Fleisch (wenn Sie wirklich geübt sind). Viele normale Produkte, von denen wir es gar nicht denken, sind Resultate von Fermentierung, beispielsweise Brot mit Hefe oder der Wein, den Sie trinken, der sich aus den Bakterien entwickelt hat, die an den Trauben sitzen.

WAS IST MIT STUHLTRANSPLANTATION (FMT)?

Stuhltransplantation ist in Dänemark momentan nur bei anhaltender C.-difficile-Infektion indiziert. Aber man ist langsam dabei, FMT auch bei anderen Zuständen zu testen, zum Beispiel auf Versuchsbasis im Privatkrankenhaus Aleris-Hamlet bei Dickdarmblutungen. Manche versuchen sich zuhause mit der »Do-it-yourself-Methode«, auf die wir hier nicht näher eingehen wollen. In Deutschland sind Stuhltransplantationen in mehreren großen Städten möglich. Fragen Sie Ihren Arzt.

KANN ICH MEINE DARMMIKROBIOTA UNTERSUCHEN LASSEN?

Ja, es gibt in Deutschland mehrere Labore, die erweiterte Stuhlproben von Privatpersonen analysieren. Früher wurden Stuhlproben weitergezüchtet und mikroskopiert, um zu registrieren, was rein physisch im Stuhl vorhanden war (Wurmeier und anderes), und um zu sehen, welche Bakterien man weiterzüchten konnte, damit man sie identifizieren konnte. Neuere Methoden identifizieren Bakterien, indem sie die DNA im Stuhl untersuchen. Dies bedeutet eine breitere Analyse; dadurch steigt die Möglichkeit, Klarheit über Bakterien zu erlangen, die normalerweise nicht gezüchtet werden können. Lassen Sie sich von Ihrem Gesundheitsberater oder Arzt über die verschiedenen Labore informieren. Erweiterte Stuhlproben beziehen die normale Flora mit ein und haben nicht nur die krankheitserregenden Mikroorganismen im Fokus, die normalerweise beim eigenen Arzt und in Krankenhäusern untersucht werden. Seien Sie sich jedoch bewusst, dass es sehr viel Wissen erfordert, sich ohne Voraussetzungen in die Testergebnisse zu vertiefen. Man sollte auch wissen, dass man nie ein vollständiges Bild vom Leben bekommen kann, sondern nur einen Eindruck davon, was oder wer mit im Spiel ist. Zudem sollte das Testergebnis immer mit den Symptomen und dem Zustand der Person abgeglichen werden.

LEGEN SIE LOS!

Wenn Sie Lebensmittel selbst fermentieren, müssen Sie darauf achten, das Milieu so unter Kontrolle zu halten, dass für die spezifische Fermentierung die bestmöglichen Bedingungen geschaffen werden – unterschiedliche Mikroorganismen haben unterschiedliche Präferenzen. Einige der Dinge, die Sie beeinflussen können und die für den Fermentierungsprozess von Bedeutung sind, sind neben der Qualität der Lebensmittel, die Sie verwenden, die Salzkonzentration, die Temperatur und die Zufuhr von Sauerstoff beziehungsweise die Vermeidung der Zufuhr von Sauerstoff.

SALZ

Salz wird zur Konservierung von Lebensmitteln verwendet, weil viele Mikroorganismen in salzigem Milieu nicht überleben können. Dies gilt jedoch nicht für Milchsäurebakterien. Die Salzkonzentration kann bis zu 8 Prozent betragen, danach aber wird der Geschmack allmählich negativ beeinflusst, und die eigene Salzeinnahme kann zu hoch werden. Generell geht es darum, eine Konzentration zu treffen, die man mag und die ein Niveau hat, das für die Fermentierung günstig ist.

Salzlake

Eine Salzlake machen Sie, indem Sie bei Zimmertemperatur Salz in Wasser auflösen. Verwenden Sie am besten gefiltertes oder abgekochtes Wasser (abgekühlt). Wir empfehlen eine Salzlake von 2 bis 3 Prozent, das heißt 2 bis 3 Gramm Salz pro 100 Milliliter Wasser. Wenn Sie einmal erfahren im Fermentieren sind, können Sie experimentieren und ausprobieren, welche Salzkonzentration Sie im Verhältnis zu Geschmack und Fermentierungsgeschwindigkeit vorziehen.

Trockensalzen kontra Salzlake

So wie Sie Salzlake, also Salzwasser, verwenden können, können Sie auch trocken salzen. Beim Trockensalzen wird das Gemüse in kleine Stücke geschnitten, und die Flüssigkeit wird zusammen mit Salz aus dem Gemüse herausgedrückt (siehe das Rezept für Sauerkraut Seite 107). Bei der Verwendung von Salzlake wird die Lake über das Gemüse gegossen.

Es gibt keine speziellen Richtlinien dafür, wann Sie trocken salzen und wann Sie Salzlake wählen sollen. Es ist jedoch am einfachsten, wasserhaltiges Gemüse wie Blattgemüse und Kohl trocken zu salzen und für Gemüse mit geringerem Wassergehalt wie Wurzelgemüse Salzlake zu verwenden. Entscheiden Sie sich auch für Salzlake, wenn Sie wollen, dass das Gemüse einigermaßen intakt bleibt.

Welche Art von Salz?

Sie können verschiedene Arten von Salz verwenden. Wir empfehlen die natürlichen Salze, also unraffiniertes, grobes, reines Meersalz, Siedesalz oder Himalajasalz.

TEMPERATUR UND LICHT

Um die beste Fermentierung zu erreichen, ist es von Vorteil, wenn die Temperatur, die alle Ihre Gläser umgibt, einigermaßen stabil und gemäßigt ist. Manche Fermentierungen wie die Joghurtproduktion erfordern eine ganz bestimmte Temperatur, um optimal zu säuern. Halten Sie Ihre Fermentierung von direktem Sonnenlicht fern, da die Sonnenstrahlen einigen Typen von Mikroorganismen schaden können. Aber ansonsten kann die Fermentierung ruhig an einem hellen Ort stattfinden. Es ist möglich, dass die Temperatur bei Ihnen zuhause je nach Monat variiert. Niedrigere Temperatur bedeutet, dass die Fermentierung länger dauert, weil die Bakterien bei niedrigeren Temperaturen langsamer arbeiten.

SAUERSTOFF: JA ODER NEIN?

Milchsäuregärung findet generell am besten ohne Sauerstoff statt. Sauerkraut oder Kimchi macht man daher in geschlossenen Behältern, in denen die Laktobazillen unter Wasser sind und keinen Sauerstoff bekommen. Die Bakterien leben primär von den Kohlehydraten des Gemüses und bilden Milchsäure sowie das Gas Kohlendioxid (CO_2). Die Bildung von CO_2 bindet nach und nach den Sauerstoff im Behälter. Damit das überschüssige Gas austreten kann, ohne dass gleichzeitig von außen kommender Sauerstoff eindringt, kann man spezielle Behälter verwenden. Das kann ein Gärtopf oder ein mit einem Gärverschluss versehenes Einmachglas sein. Wenn Sie in einem offenen Behälter fermentieren, besteht das Risiko, dass sich auf der Oberfläche Schimmelpilze bilden, und das sollte nicht passieren.

Andere Fermentierungen brauchen Sauerstoff. Essigsäurefermentierung mit Essigsäurebakterien (Acetobacteraceae) ist beispielsweise ein Gärungsprozess, der teilweise mit Sauerstoff stattfindet, genauso wie die Produktion von Weinessig, Kombucha oder Hefeteig, bei der ebenfalls Sauerstoff notwendig ist.

WASSER

Chlor ist in deutschem Trinkwasser glücklicherweise kein Problem, weil kein Chlor zugesetzt wird. Chlor ist antimikrobiell und bei der Fermentierung ungünstig. Wir empfehlen jedoch, gefiltertes oder gekochtes Wasser zu verwenden, um die Verunreinigung der Lebensmittel mit Bakterien und Unreinheiten zu vermeiden.

STARTERKULTUREN

Für Joghurt
Wenn Sie Joghurt machen wollen, können Sie eine Starterkultur in Form von frischem Joghurt oder Milchsäurebakterien in Pulverform verwenden. Beides funktioniert gut, aber es ist nicht unwesentlich, welche Kulturen Sie verwenden – diejenigen, die Sie in die Milch geben, werden Sie auch im fertigen Joghurt haben. Traditionelle Starterkulturen enthalten Bakterientypen wie Streptococcus termophilus und Lactobacillus (L) bulgaricus. Andere

eingesetzte Joghurtbakterien sind L. casei, L. acidophilus und Bifidobacterium lactis. Am Ende dieses Abschnitt können Sie sehen, wo Sie verschiedene Kulturen kaufen können.

Milchtypen für Joghurt

Sie können im Prinzip aus jeder Art von Milch Joghurt machen – auch aus pflanzlicher Milch. Manche funktionieren aber besser als andere. Kuhmilch und frische Ziegenmilch bringen die besten Resultate. Sojamilch ergibt ebenfalls einen guten Joghurt, der jedoch flüssiger ist als der aus Kuhmilch. Sie können auch Joghurt aus Mandelmilch, Kokosmilch und anderen Arten von Nuss- und Pflanzenmilch machen.

Milchkefirkristalle

Milchkefirkristalle sind Kolonien von Hefe und Milchsäurebakterien, die davon leben, die Laktose in der Milch zu fermentieren. Sie können Kefirkristalle kaufen (siehe Seite 68), und wenn Sie sie gut behandeln, halten sie sich fast eine Ewigkeit – das bedeutet, Sie sollten sie regelmäßig benutzen. In den Phasen, in denen Sie keinen Kefir herstellen wollen, werden die Kefirkristalle in frischer Milch im Kühlschrank aufbewahrt. Milchkefir ist wohl die allereinfachste Fermentierung von allen in diesem Buch. Sie dauert nur ein bis zwei Tage und erfordert nichts als ein paar saubere Gläser und eine lauwarme Küche.

Wasserkefirkristalle

Wasserkefirkristalle bestehen aus Hefe und Milchsäurebakterien und leben von der Fermentierung von Zuckerwasser. Wie die Milchkefirkristalle können sie sich ewig halten, wenn man sorgsam mit ihnen umgeht. Wenn sie nicht in Gebrauch sind, bewahren Sie sie in etwas Zuckerwasser in einem großen Glas auf der Arbeitsfläche auf. Wenn sie längere Zeit nicht gebraucht werden, können Sie sie in den Kühlschrank stellen. Füttern Sie sie ungefähr jeden zweiten Tag mit etwas Zucker, eventuell auch mit Rosinen oder Datteln. Sie werden sehen, wie sie sich fröhlich formieren. Sie können sie entweder wie auf Seite 68 beschrieben kaufen oder von einer der vielen Fermentierungsgruppen im Internet bekommen.

Kombucha-Pilze und Kombucha-Starter

Kombucha ist eines der hipsten fermentierten Getränke der letzten Jahre. Ganz einfach ausgedrückt, ist Kombucha fermentierter süßer Tee. Es heißt, dass Kombucha in China schon seit Jahrtausenden als heilendes Elixier eingesetzt wird, und es scheint durchaus logisch, dass das Ursprungsland des Tees auch das Ursprungsland des Kombucha ist.

Kombucha zu trinken kann etwas gewöhnungsbedürftig sein, und wir empfehlen, bezüglich der Fermentierungszeit etwas zu experimentieren. Zwischen sieben und vierzehn Tagen ist für die meisten hinsichtlich des Geschmacks die beste Zeitspanne. Das Getränk wird immer essigartiger, je länger Sie es fermentieren; manche Menschen mögen es sehr sauer, während andere es lieber trinken, wenn es vor allem nach süßem Tee schmeckt.

Sie brauchen für jede Zubereitung sowohl einen Kombucha-Pilz (auch »Scoby« genannt) als auch einen Kombucha-Starter (ein fertig gebrautes Kombucha-Getränk, das Sie von Mal zu Mal aufbewahren). Wenn Sie Kombucha zum ersten Mal herstellen, müssen

Sie also zusehen, dass Sie auch etwas Starterflüssigkeit bekommen, besonders wenn Sie den Pilz von einer Privatperson erhalten. Wenn Sie den Pilz im Internet bei einer unserer Empfehlungen (Seite 68) beziehen, bekommen Sie automatisch welche mit dazu. Der Kombucha-Pilz formiert sich recht schnell, sodass man bei jedem Brauvorgang einen Ableger bekommt, den man für einen weiteren Brauvorgang nutzen oder verschenken kann.

KWAS

Kwas ist ein traditionelles russisch-slawisches Getränk aus fermentiertem Roggen(-brot) und Zucker. Die Qualität des Brotes ist ausschlaggebend für ein gutes Kwas, wir empfehlen also, entweder das Brot von Seite 151 zu backen oder ein richtig gutes Roggenbrot von einem guten Bäcker kaufen. Es sollte ein Sauerteigbrot sein.

GEMÜSE UND ANDERE ROHWAREN

Wir empfehlen, so reine Rohwaren wie möglich zu verwenden, also am besten ökologische Rohwaren. Außer dass sie mehr Nährstoffe enthalten als konventionell gezüchtete, besteht dann auch nicht das Risiko, dass Sie Pestizidreste mitfermentieren oder dass Ihre Fermentierung aufgrund von antibiotischen Stoffen nicht gelingt.

Überdruck in Gläsern und Flaschen

Wenn Sie Gemüse und Getränke bei geschlossenem Deckel fermentieren, sollten Sie sich bewusst sein, dass Überdruck entstehen kann, wenn Sie nicht ab und zu den Deckel anheben, beispielsweise einmal am Tag. Es kann eine gute Idee sein, die Gläser auf der Arbeitsfläche in der Küche stehen zu lassen, dann haben Sie täglich ein Auge auf den Fermentierungsprozess. Sie können auch Spezialdeckel mit eingebautem Gärverschluss kaufen, die automatisch die Gase austreten lassen.

Schimmel und Botulismus

Bei einer Fermentierung von Gemüse kann sich auf der Oberfläche Schimmel bilden, da es einen gewissen Kontakt mit Sauerstoff gibt. Das passiert typischerweise, wenn einige der Gemüsestücke über die Oberfläche hinausragen. Schimmel wächst normalerweise nur auf der Oberfläche, wo Sauerstoff vorhanden ist, und kann aufgrund des Säuregehalts in der Tiefe nicht überleben. Sie können den Oberflächenschimmel und die oberste Schicht daher einfach entfernen und den restlichen Inhalt trotzdem noch essen. Generell ist die Fermentierung von Gemüse eine alte, sichere Lebensmitteltechnologie, die Sie problemlos anwenden können, wenn Sie den sehr einfachen Schritten des Vorgangs folgen.

Botulismus, auch Fleischvergiftung genannt, ist eine ganz andere Sache. Eine solche Vergiftung geht auf ein Nervengift zurück, das vom Erdbakterium Clostridium botulinum gebildet wird, das in fermentiertem Fleisch und Fisch vorhanden sein kann. In fermentiertem Gemüse und gesäuerten Milchprodukten ist es nicht zu finden, da die Milchsäure bildenden Bakterien ein saures Milieu schaffen, in dem Clostridien nicht überleben können. In der Literatur haben wir noch keine Beispiele von Vergiftung mit Clostridium botulinum als Folge der Einnahme von Sauerkraut gesehen – weder von pasteurisiertem noch von nicht pasteurisiertem. Vor Botulismus muss man also keine Angst haben.

DIE REINIGUNG VON GLÄSERN UND FLASCHEN

Es ist wichtig, sehr stark auf gute Hygiene zu achten, wenn Sie Ihre Gläser zur Fermentierung vorbereiten. Gründliches Spülen per Hand ist ein Muss, genauso wie völlig saubere Küchengeräte. Weder Milchsäurebakterien noch Kombucha-Pilze oder Kefirkristalle mögen Seifenreste, spülen Sie Ihre Gläser also nach dem Reinigen besonders gut mit sauberem Wasser ab, sodass keine Seifenreste mehr übrig sind. Das gilt auch für Gläser, die Sie in der Spülmaschine gereinigt haben. Vor dem Gebrauch sollten Sie Gläser und Flaschen auskochen und lufttrocknen lassen. Sie können Sie auch sterilisieren, indem Sie die Gläser oder Flaschen in den kalten Ofen stellen und ihn auf 120 °C erhitzen. Wenn er heiß ist, sollten die Gläser und Flaschen 15 bis 20 Minuten darin bleiben.

ERSTE FERMENTIERUNG UND ZWEITE FERMENTIERUNG

Erste und zweite Fermentierung sind Ausdrücke, die man bei der Zubereitung der verschiedenen fermentierten Getränke gebraucht, also für Kombucha, Wasserkefir, Kwas und Ähnliches. Es bedeutet, dass Sie nach der primären Fermentierung noch einmal nachfermentieren können, wenn Sie wollen (zweite Fermentierung). Wenn Sie nachfermentieren, passiert das vor allem, um dem Getränk noch mehr Geschmack und CO_2 zu geben. Dies wird auch »Karbonisieren« genannt.

ZUCKER

Rohrzucker ist für Fermentierung optimal. Viele denken, Honig sei die gesündere Wahl, aber leider enthält Honig antibakterielle Stoffe, Eigenschaften, für die wir Honig und Propolis ja auch rühmen. Da wir bei der Fermentierung aber wollen, dass die Bakterien sich wohlfühlen und wachsen, ist Honig eher ungeeignet.

In Fermentierungskreisen gibt es sehr unterschiedliche Ansichten, wie viel Zucker für die verschiedenen Getränke verwendet werden soll. In den Rezepten dieses Buches ist deshalb an mehreren Stellen eine Mindest- und eine Maximalmenge angegeben. Das Getränk wird mit der Mindestmenge wunderbar fermentieren, aber Sie können für schnellere Fermentierung und mehr Süße auch mehr zugeben.

ZUBEHÖR

Viele tausend Jahre lang hat man Gemüse und Getränke ohne Spezialausrüstung fermentiert, und es ist oft möglich, mit Dingen zu fermentieren, die Sie schon in Ihrer Küche haben. Es ist jedoch von entscheidender Bedeutung für den Prozess und die Qualität der Fermentierung, dass Sie den Richtlinien für die jeweilige Fermentierungsmethode folgen, zum Beispiel dass Sie darauf achten, ob die Fermentierung mit oder ohne Sauerstoff passieren soll und welches die richtige Temperatur ist, falls erwähnt. Bei jedem Rezept ist angegeben, ob ein Deckel darauf soll oder nicht, ob er lose liegen oder gut schließen sollte, und Ähnliches.

Gläser
Es gibt viele verschiedene Gläser zur Fermentierung. Unsere Favoriten sind die klassischen Einmachgläser mit Bügelverschluss und Gläser mit Schraubverschluss wie zum Beispiel von Le Parfait oder Mason Jars. Sie können aber auch große Marmeladengläser verwenden. Bei lieblingsglas.de oder waschbär.de kann man Gläser mit Schraubdeckel kaufen, in die Löcher gebohrt sind, sodass man einen Gärverschluss daraufsetzen kann (ebenfalls dort erhältlich). Das ist aber nicht notwendig, Sie können auch wunderbar in normalen guten

Gläsern wie oben beschrieben fermentieren. Es ist jedoch wichtig, dass Sie darauf achten, während des Prozesses, wenn nötig, immer wieder zu entlüften (siehe oben unter »Überdruck in Gläser und Flaschen«).

Gärtöpfe

Gärtöpfe sind meist glasierte Tontöpfe für Milchsäuregärung. Sie haben charakteristische schwere Deckel, die in einer tiefen Rille auf dem Topf sitzen. Die Rille wird mit Wasser gefüllt, sodass man einen Gärverschluss hat, bei dem der Überdruck (parallel mit der CO_2-Produktion) aus dem Topf dringen kann.

Flaschen

Zur zweiten Fermentierung von Getränken empfehlen wir stabile Glasflaschen mit Bügelverschluss oder Sektflaschen, also runde von solider Qualität, die den recht starken Druck aushalten, der im fertigen Getränk entstehen kann. Seien Sie vorsichtig, wenn Sie die Flaschen öffnen, es kann wirklich spritzen (und Glas kann springen). Verwenden Sie eventuell eine Gummiversiegelung, die es zulässt, dass ein wenig Kohlendioxid nach außen dringt, ehe der Druck zu hoch wird, und entlüften Sie ansonsten die Flaschen immer wieder.

Stampfer

Ein Stampfer stampft beziehungsweise drückt das Gemüse im Glas nach unten (vor allem bei Kraut), sodass Sie sichergehen können, dass keine Luftblasen (Sauerstoff) mehr im Glas sind. Sie können das zwar auch per Hand tun, aber wenn Sie viel Kraut in größeren Mengen machen, ist es sehr hilfreich, einen Stampfer zu haben.

Seihtuch

Ein Seihtuch braucht man zur Herstellung von Labneh und dafür, die Öffnung von Gläsern zu bedecken, wenn Sie Kombucha oder andere Getränke produzieren, die für den Fermentierungsprozess Sauerstoff brauchen, damit keine Fruchtfliegen oder Ähnliches ins Glas gelangen können. Sie können auch ein sauberes Küchenhandtuch oder eine Stoffwindel verwenden.

Plastik, Metall und Glas

Siebe, Trichter und Löffel und andere Gegenstände, die man nur kurzzeitig verwendet, können gut aus Plastik oder Holz sein. Da Säure und Metall auf lange Sicht eine ungünstige Kombination sind, sollten Fermentierungen jeglicher Art am besten in Glas, Porzellan oder glasiertem Ton durchgeführt werden. Denken Sie daran, dass alte Töpfe eine bleihaltige Glasur haben können.

Beschwerungssteine und -deckel

Das Gemüse soll in der Salzlake unten gehalten werden. Sie können dafür ein Kohlblatt verwenden, das Sie um das Gemüse falten, oder ein Stück Wurzelgemüse. Sie können auch einen normalen sauberen Stein nehmen, der gründlich abgekocht wurde, oder wie auf dem

Foto auf Seite 67 den Deckel eines Weckglases, kleine Untertassen oder Glassteine. Haben Sie einen Behälter, der in den Topf passt – vielleicht ein großes Marmeladenglas –, können Sie ihn als Beschwerer hineinstellen. Der Behälter muss nur sauber sein.

Messlöffel, Messbecher, Schüsseln und Ähnliches

Ein Messlöffelset, das die genaue Menge angibt, ist eine gute Investition, nicht nur beim Fermentieren, sondern überhaupt beim Kochen. Hilfreich sind auch große Schüsseln für das geschnittene Gemüse, das viel Platz braucht.

Joghurtmaschine und Styroporbox

Eine Joghurtmaschine ist eine richtig gute Investition. Für ziemlich wenig Geld kann man sie in verschiedenen Webshops bekommen. Besonders Amazon.de hat viele Modelle zur Auswahl. Es ist hat sich bewährt, eine Maschine zu kaufen, bei der man die Temperatur einstellen kann; die ganz billigen werden oft zu warm, was zur Folge hat, dass der Joghurt kaputtgeht. Sie können auch Styroporboxen mit Gläsern und Starterkulturen verwenden, die man im Internet bestellen kann: Sie können die Schüsseln auch in ein Handtuch wickeln und wie in früheren Zeiten an einen warmen Ort stellen – das Resultat ist dabei aber unsicherer.

Thermometer

Für die Joghurtproduktion braucht man ein präzises Thermometer, beispielsweise ein digitales Thermometer. Man kann es günstig bei Amazon.de und in jedem Haushaltswarenladen kaufen.

WO ERHALTE ICH ZUBEHÖR, KRISTALLE UND STARTERKULTUREN?

Sie müssen keine großen Summen in smarte Ausrüstung investieren, um mit dem Fermentieren anzufangen. Seit Generationen hat man in offenen Fässern, gespülten Gläsern, Töpfen und was man sonst noch zur Hand hatte, fermentiert. Lassen Sie sich durch fehlende Ausrüstung nicht davon abhalten, sich am Fermentieren zu versuchen. Das Wichtigste sind Sauberkeit, Kontrolle über Temperatur und Sauerstoffzufuhr und gute Rohwaren – plus ein bisschen Kraft. Den Rest schafft die Natur auf magische Weise.

Gärtöpfe, Einmachgläser, Flaschen, Stampfer, Seihtuch, Plastiksieb und Trichter kann man zum Beispiel bei purenature.de bestellen. Für Joghurt aus Pflanzenmilch braucht man spezielle Starterkulturen für veganen Joghurt (pureraw.de, spinnrad.de).

Einmachgläser, Flaschen, Seihtuch und Ähnliches können Sie bei lieblingsglas.de und waschbär.de kaufen.

Glassteine können bei Amazon.de erworben werden. Sie heißen dort *Sauer stones* (Fermentationsgewichte). Die Puppenküchenteller aus Porzellan von IKEA sind klein und sehr praktisch, um sie in Gläser und Gefäße zu legen, und können anstelle von Plastik als lose Deckel verwendet werden. Sie können auch Weckglasdeckel als Beschwerungssteine verwenden.

Starterkulturen für Kombucha und Kefir erhalten Sie bei Natural-kefir-drinks.de, diese sind von sehr guter Qualität und werden in vakuumverpackten Beuteln verschickt, die sehr hygienisch wirken und sicherstellen, dass die ganze Menge, die man bestellt hat, sich bei der Ankunft auch wirklich im Beutel befindet.

Es gibt auch mehrere Gruppen über Fermentierung auf Facebook, bei denen man Kombucha-Pilze und Kristalle von passionierten Fermentierungsenthusiasten bekommen kann, die welche übrig haben.

REZEPTE

KOMBUCHA, KEFIR, KWAS, SHRUB, GINGERBEER UND JOGHURT

Wenn man erst einmal angefangen hat, ist es sehr einfach, die fermentierten Getränke aus diesem Kapitel zu machen, und selbst wenn einige von ihnen zunächst etwas speziell schmecken können, wie beispielsweise Kwas, gewöhnt man sich jedoch sehr gut an sie.

Kombucha ist inzwischen ein solches In-Getränk geworden, dass die meisten es kennen. Man kann es vielerorts auch fertig in der Flasche kaufen – Carpe Diem und Voelkel verkaufen ganz hervorragende Versionen. Wir haben uns dafür entschieden, auch ein Rezept für Jun-Kombucha ins Buch aufzunehmen. Jun-Kombucha wird auch »Champagner-Kombucha« genannt und hat einen sehr leckeren, milden Geschmack. Er wird aus grünem Tee mit Honig gebraut, im Gegensatz zu normalem Kombucha, der nicht mit Honig zurechtkommt und Zucker braucht. Sowohl Kombucha als auch Wasserkefir können Sie für eine Vielzahl leckerer Drinks und Desserts verwenden, so etwa für alle Arten von Smoothies, Greenies und für Eis.

Bei der zweiten Fermentierung von Kombucha können Sie eine ganze Fülle fantastischer Drinks herstellen, der Fantasie sind keine Grenzen gesetzt. Alle Arten von Früchten und Beeren, gern auch kombiniert mit Kräutern, können Ihrem Kombucha seine ganz eigene Prägung geben. Schwelgen Sie am besten in den Früchten, Beeren und Kräutern der Saison, und variieren Sie damit immer wieder den Geschmack. Wenn Sie einmal für Kombucha Feuer gefangen haben, können wir das Buch *Living Tea* von Louise Avery empfehlen. Es ist sehr inspirierend und enthält schöne Rezepte.

Shrub ist hierzulande nicht so bekannt, auch wenn das Getränk im Ausland zu den heißesten Trends gehört. Shrub ist ein Fruchtsirup auf Essigbasis, den man als erfrischende gesunde Limonade mit Mineralwasser oder in Cocktails oder anderen alkoholischen Drinks trinken kann. Shrub war in England im 16. Jahrhundert sehr populär, als man noch keinen Kühlschrank hatte und Beeren und Früchte längere Zeit aufbewahren musste. Das Getränk wurde von einem amerikanischen Barkeeper wiederentdeckt, der es in seinen Cocktails zu verwenden begann. Eigentlich wird Shrub nicht fermentiert, aber da wir dazu Essig brauchen, der fermentiert ist, und weil er nicht nur eine gesunde Alternative zu allen möglichen Erfrischungsgetränken ist, sondern auch noch absolut fantastisch schmeckt, haben wir Shrub mit ins Buch aufgenommen (denn es ist so viel besser, Shrub zu trinken, als irgendeine Brause, und die Welt braucht bessere Getränke – mit gutem Geschmack).

Milchkefir und Labneh sind sehr einfach herzustellen und gelingen eigentlich immer. Joghurt dagegen kann etwas tricky sein, und das Resultat kann etwas schwanken. Eine Joghurtmaschine ist darum eine wirklich gute Investition, denn es ist wichtig, dass die Temperatur richtig und konstant ist, wenn das Resultat gut werden soll, und zwar jedes Mal.

KOMBUCHA

ZUBEREITUNGSZEIT 10 Minuten FERMENTIERUNGSZEIT 5–15 Tage
HALTBARKEIT 2 Wochen im Kühlschrank MENGE 1 l

1. FERMENTIERUNG:

1 ½ l	Wasser
10 g	lose Teeblätter
6–7 EL	Rohrzucker oder Kokospalmzucker (ca. 100 g)
1	Kombucha-Pilz (auch »Scoby« genannt)
150 ml	fertiger Kombucha
1	Einmachglas, 2 l, ohne Gummiring
	evtl. Seihtuch oder ähnlicher Stoff und 1 Gummiband
evtl. 1	Teebeutel*
1	Sektflasche oder 1 runde Flasche mit Bügelverschluss aus stabilem Glas

2. FERMENTIERUNG:

ca. 1, 2 l	Kombucha
1½ EL	Aromazusatz, z. B. Kräuter, selbst gemachter Sirup, Gewürze, Ölessenzen oder frische Beeren/Früchte

1. FERMENTIERUNG:

- Das Wasser aufkochen und ein paar Minuten abkühlen lassen, bevor Sie es über den Tee gießen. Am einfachsten ist es, den Tee mit einem Teebeutel aufzubrühen, dann können Sie direkt im gesäuberten, abgekochten Patentglas brauen. Die Teeblätter 15 Minuten ziehen lassen und dann wegwerfen. Den Tee auf Zimmertemperatur abkühlen lassen und den Zucker darin auflösen.

- Den Kombucha-Pilz und den Kombucha hineingeben. Der Kombucha fungiert als Starter. Den Deckel locker auflegen oder das Glas mit Stoff bedecken und mit einem Gummiband befestigen. Letzteres verhindert, dass kleine Fruchtfliegen hineinkommen. Es ist wichtig, dass Sie den Deckel nicht mit einem Gummiring verschließen, da der Kombucha etwas Luft bekommen muss.

- Den Kombucha bei Zimmertemperatur an einem dunklen Ort 5–15 Tage fermentieren lassen (evtl. zugedeckt auf der Arbeitsfläche). Wann er fertig ist, ist ein bisschen Ge-

Fortsetzung nächste Seite

schmackssache. Er schmeckt schon nach 6–8 Tagen lecker, manche ziehen aber einen schärferen Geschmack vor, dann muss er länger fermentieren. Probieren Sie es aus. Nach 2–3 Wochen Fermentierung können Sie ihn auch als Essig benutzen.

- Wenn der Kombucha fertig ist, heben Sie 150 ml davon als Starter für den nächsten Brauvorgang auf oder mehr, wenn Sie die Produktion vergrößern wollen. Sie sollten immer Starter verwenden, der 10 % der Gesamtmenge an Flüssigkeit entspricht. Das restliche fertige Getränk in eine Flasche gießen (siehe Tipps auf Seite 64).

- Falls Sie nicht gleich wieder Kombucha machen wollen, geben Sie Starter, Pilz und 100 ml süßen Tee in ein Glas mit Deckel (nicht dicht verschlossen, es soll etwas atmen können), und stellen Sie es kühl. Die Mischung alle 14 Tage mit etwas Zucker oder süßem Tee füttern, bis Sie sie wieder benutzen. Der Scoby wächst dann still vor sich hin, und Sie werden sehen, dass er in Schichten wächst. Man kann die Schichten trennen oder den Pilz halbieren, wenn er zu dick wird – und den Überschuss neuen Anfängern im Kombucha-Brauen schenken.

2. FERMENTIERUNG:

- Auch wenn der Kombucha schon nach der 1. Fermentierung großartig schmeckt, kann man ihn noch gut mit etwas mehr Aroma aufpeppen.

- Sie können einen selbst gemachten Sirup verwenden wie den, den Sie für Shrub benutzen (siehe Seite 91), ein paar Zimtstangen, Sternanis, Zitronen- oder Orangenschalen, Ingwer, Kurkuma, diverse Beeren, Früchte und/oder Gewürze.

- Den gewählten Geschmack zusammen mit dem Zucker in den Kombucha geben. Bei Sirup braucht man keinen Zucker. Das Getränk in der geschlossenen Flasche bei Zimmertemperatur 2–3 Tage fermentieren lassen und vor dem Trinken ein paar Tage in den Kühlschrank stellen.

- Die Wahl der Flasche ist wichtig, weil in dem Getränk reichlich Kohlensäure entstehen kann. Wir empfehlen, die entsprechenden Ratschläge auf Seite 64 zu lesen.

**Es gibt viele unterschiedliche Meinungen darüber, welcher Tee der beste zum Kombucha-Brauen ist. Es ist im Grunde Geschmackssache. Die meisten brauen mit schwarzem Tee, andere mit grünem. Manche sagen, dass man Kombucha auch gut ohne Tee und nur mit Kräutern brauen kann, andere sagen, der Pilz werde schlecht, wenn er nicht mit den Tanninen aus dem Tee gefüttert werde. Ich braue in der Regel mit einer Mischung aus Hibiskusblüten und grünem Tee (50/50) oder 75/25 Kamille/grüner Tee, was gut funktioniert.*

JUN-KOMBUCHA

ZUBEREITUNGSZEIT 10 Minuten FERMENTIERUNGSZEIT 3–5 Tage
HALTBARKEIT 2 Wochen im Kühlschrank MENGE 2 l

1. FERMENTIERUNG:

2 l	Wasser
10 g	loser grüner Tee, evtl. gemischt mit Hibiskusblüten
125 ml	kalt geschleuderter Honig
1	Jun-Kombucha-Pilz (auch »Scoby« genannt)
125 ml	fertiger Jun-Kombucha
1	Einmachglas, 2 l, ohne Gummiring
	evtl. Seihtuch oder ähnlicher Stoff und 1 Gummiband
evtl. 1	Teebeutel
1	Sektflasche oder 1 runde Flasche mit Bügelverschluss aus stabilem Glas

1. FERMENTIERUNG:

- Das Wasser wie bei normalem Kombucha aufkochen. Es ist wichtig, dass das Wasser nicht mehr als 75 °C hat, wenn Sie es über die grünen Teeblätter gießen. Den Tee ca. 15 Minuten im Wasser ziehen lassen. Die Teeblätter wegwerfen, den Tee auf ca. 40 °C abkühlen lassen und den Honig einrühren.

- Ganz abkühlen lassen und den Jun-Kombucha-Pilz sowie das fertige Jun-Getränk zufügen. Wie beim normalen Kombucha abdecken. Der Unterschied ist nun, dass er nur 3 Tage stehen soll und dann bereit zur 2. Fermentierung ist. Denken Sie daran, etwas von dem Kombucha als Starter für das nächste Mal aufzusparen, bevor Sie ihn in die Flasche füllen.

2. FERMENTIERUNG:

- Keinen Zucker, sondern gerne eine selbst gemachte Limonade zufügen, z.B. auf Honigbasis. Man kann natürlich auch Früchte, Kräuter etc. zufügen, wie für Kombucha im vorigen Abschnitt beschrieben. Es ist Geschmackssache, wie viel man hineingibt. Ich nehme für diese Portion 50 ml starke selbst gemachte Limonade. Der Kombucha ist nach 1–2 Tagen trinkfertig.

WASSERKEFIR

ZUBEREITUNGSZEIT 10 Minuten FERMENTIERUNGSZEIT 1–2 Tage
HALTBARKEIT 2 Wochen im Kühlschrank MENGE 1 l

1. FERMENTIERUNG:

1 l	Wasser
2–4 EL	Rohrzucker
3 EL	Wasserkefirkristalle
2 EL	Rosinen oder andere getrocknete Früchte
2 Scheiben	unbehandelte Zitrone
1	Einmachglas, 1½ l, ohne Gummiring
	evtl. Seihtuch oder ähnl. Stoff und 1 Gummiband
1	Sektflasche oder runde Flasche mit Bügelverschluss aus stabilem Glas

2. FERMENTIERUNG:

1 l	Wasserkefir
1 EL	Rohrzucker
	Geschmackszusatz, z.B. Beeren, Früchte, Gewürze, Kräuter, Ölessenzen oder selbst gemachter Sirup

1. FERMENTIERUNG:

- Den Zucker im Wasser auflösen. 2 EL sind genug, aber viele fügen mehr zu, was bewirkt, dass das Getränk etwas mehr sprudelt und etwas süßer wird. Die Wasserkefirkristalle unter fließendem kalten Wasser in einem Plastiksieb abspülen, abtropfen lassen und in das Zuckerwasser geben. Die Rosinen zufügen. Die Zitronen gründlich säubern, ein paar Scheiben in kleinere Stücke schneiden und ebenfalls dazugeben. Einen Deckel auf das Glas legen oder mit einem Seihtuch bedecken, das mit einem Gummiband befestigt wird. Das Getränk soll atmen können.

- Für 24–48 Stunden einen dunklen, lauwarmen Ort stellen, evtl. zugedeckt auf die Arbeitsfläche. Je länger es steht, desto säuerlicher wird es. 48 Stunden geben einen leckeren, guten Geschmack, den die meisten mögen.

Fortsetzung nächste Seite

- Wenn der Wasserkefir fertig zum Umfüllen ist, einen Plastiktrichter in die Flasche geben, ein Sieb darauflegen und das Getränk hineingießen. Rosinen und Zitrone wegwerfen, die Kefirkristalle unter kaltem Wasser abspülen. Wenn sie nicht sofort wieder verwendet werden sollen, in ein großes Einmachglas geben, mit Wasser auffüllen und ein klein wenig Zucker sowie ein paar Zitronenscheiben zufügen. Das Glas auf der Arbeitsfläche stehen lassen und die Kristalle regelmäßig mit etwas Zucker füttern. Auf diese Weise formieren sie sich richtig gut, sodass Sie mit der Zeit mehr Kristalle bekommen.

- Die Wahl der Flasche ist wichtig, weil sich in dem Getränk reichlich Kohlensäure bilden kann. Wir empfehlen, die guten Tipps zu diesem Thema auf Seite 64 zu lesen.

- Der Wasserkefir schmeckt schon jetzt großartig, aber wenn Sie ihn noch aromatischer und sprudeliger wollen, können Sie ihn noch einmal fermentieren.

2. FERMENTIERUNG:

- Zucker und den gewählten Geschmackszusatz in die Flasche mischen. Zugedeckt noch weitere 2–3 Tage bei Zimmertemperatur stehen lassen und dann vor dem Trinken für ein paar Tage in den Kühlschrank stellen.

FÜGEN SIE BEISPIELSWEISE EINEN KLEINEN ENTKERNTEN UND GEWÜRFELTEN APFEL, 2 GESCHÄLTE UND GEWÜRFELTE ROTE BETEN UND EVENTUELL EINE ZIMTSTANGE ZU. SIE KÖNNEN AUCH INGWER HINEINGEBEN, SELBST WENN SIE KEINEN INGWERSTARTER VERWENDEN. DAS GIBT EINEN LECKEREN FRISCHEN GESCHMACK. AUCH ZITRONEN- ODER ORANGENSCHEIBEN, FRISCHE BEEREN ODER FRÜCHTE SIND GUT GEEIGNET. FEIN GEHACKTE FRISCHE KRÄUTER SCHMECKEN EBENFALLS GUT. DIESE DINGE WERDEN BEI DER 1. FERMENTIERUNG ZUGEFÜGT. SIE KÖNNEN DEN ZUCKER AUCH DURCH HONIG ERSETZEN, BESSER WIRD DIE FERMENTIERUNG JEDOCH MIT ZUCKER.

ES IST WICHTIG, DASS DAS SAUERTEIGBROT, DAS SIE VERWENDEN, VON GUTER QUALITÄT IST. WENN SIE ES ALSO NICHT SELBST BACKEN, SOLLTEN SIE DEN BÄCKER UND DAS BROT MIT SORGFALT AUSWÄHLEN. INDUSTRIELL HERGESTELLTES BROT EIGNET SICH NICHT.

KWAS

ZUBEREITUNGSZEIT 20 Minuten FERMENTIERUNGSZEIT 3–4 Tage
HALTBARKEIT 2–3 Wochen MENGE ca. 1 l

1. FERMENTIERUNG:

1 große Scheibe	Roggenbrot, ca. 150 g, siehe Rezept auf Seite 151
1 EL	Rohrzucker
1 EL	Rosinen
1 l	Wasser
1 EL	Molke oder 1 EL Ingwerstarter, siehe Seite 87
2	Gläser à 1½ l

2. FERMENTIERUNG:

1 EL	Rosinen oder 1 EL Ingwerstarter

1. FERMENTIERUNG:

- Das Brot auf beiden Seiten in einem Toaster oder einem vorgeheizten Ofen gut anrösten. Es soll richtig braun sein, aber natürlich nicht verbrannt, und gerne ziemlich trocken.

- Das Brot in kleine Würfel schneiden und zusammen mit Zucker, Rosinen, Wasser und Molke oder Ingwerstarter in das gereinigte, ausgekochte Glas geben. Gut umrühren und dafür sorgen, dass alles Brot mit Wasser bedeckt ist. Evtl. etwas darüberlegen, um das Brot unter Wasser zu halten (siehe Tipps auf Seite 67). Den Deckel lose darauflegen oder mit Seihtuch und einem Gummiband bedecken.

- An einem lauwarmen Ort bedeckt 24 Stunden fermentieren lassen. Dann die Flüssigkeit durch ein Sieb in ein neues sauberes Glas gießen. Brot und Rosinen im Sieb gut ausdrücken, sodass die meiste Flüssigkeit mit ins neue Glas kommt. Die Brotmischung wegwerfen.

2. FERMENTIERUNG:

- Nochmals 1 EL Rosinen oder Ingwerstarter zufügen und den Deckel darauflegen. Diesmal soll er gut schließen. Weitere 2–3 Tage bedeckt an einem lauwarmen Ort fermentieren lassen. Vor dem Trinken für ein paar Tage in den Kühlschrank stellen.

INGWER-KURKUMA-BIER

ZUBEREITUNGSZEIT 10 Minuten FERMENTIERUNGSZEIT insgesamt 4–5 Tage
HALTBARKEIT 2 Wochen im Kühlschrank MENGE STARTER ca. 200 ml
MENGE GINGERBEER ca. 1 l

INGWERSTARTER:

100 g	Ingwer (sollte biologisch sein)
80 g	Rohrzucker + weitere 2–3 EL Zucker
100 ml	kaltes Wasser
1	Einmachglas, ½ l, oder Glas mit Schraubverschluss

GINGERBEER:

30–40 g	Ingwer (biologisch)
20–30 g	Kurkuma (biologisch)
½	unbehandelte Zitrone
50 ml	Ingwerstarter
3–4 EL	Rohrzucker
1 l	kaltes Wasser
2	Flaschen mit Bügelverschluss, ¾ l, alternativ Sektflasche

Fortsetzung nächste Seite

Ingwer-Kurkuma-Bier – Fortsetzung

STARTER:

- Den Ingwer sehr gründlich abschrubben. Es sollten nicht einmal mehr mikroskopische Reste von Erde daran sein, aber die Schale ist für das Endresultat wichtig, deshalb kann man ihn nicht einfach schälen.

- In kleinere Stücke schneiden und mit 80 g Zucker und Wasser glatt mixen. Die Mischung in ein sauberes, ausgekochtes Glas geben. Den Deckel schließen, aber ohne den Gummiring, es sollte etwas Luft hineinkommen. Zugedeckt 2–3 Tage an einen lauwarmen Ort stellen. Täglich mit 1 EL Zucker füttern und gut umrühren. Wenn der Starter reichlich Bläschen bildet, ist er gebrauchsfertig.

- Wie beim Sauerteig braucht man ca. die Hälfte des Starters für das Gingerbeer und füllt die andere mit frischem Ingwer und Zucker auf. Er hält sich gut auf der Arbeitsfläche, wie Sauerteig, solange man ihn regelmäßig füttert. Man kann ihn auch im Kühlschrank aufbewahren, aber dann muss er vor Gebrauch wieder ein paar Tage auf der Arbeitsfläche aufgeweckt werden.

INGWER-KURKUMA-BIER:

- Ingwer und Kurkuma wie oben beschrieben gründlich reinigen und beides grob reiben. Mit Zitronensaft, Ingwerstarter und Zucker vermischen und in Flaschen verteilen. Mit kaltem Wasser auffüllen. Die Flaschen diesmal gut verschließen, inkl. Gummiring, und 2–3 Tage an einem lauwarmen Ort stehen lassen. Vorsicht beim Öffnen, die Ingwermasse sammelt sich oben, und je nachdem, wie viel Kohlensäure das Getränk gebildet hat, kann sie aus der Flasche quellen. Wichtig ist in jedem Fall, wie auch bei Wasserkefir und Kombucha die Flasche vor dem Öffnen nicht zu schütteln.

ES GIBT VIELE ARTEN, GINGERBEER HERZUSTELLEN, AM EINFACHSTEN GEHT ES MITHILFE NORMALER WASSERKEFIRKRISTALLE. HIERZU FOLGEN SIE DEM REZEPT AUF SEITE 81 VOLLSTÄNDIG, FÜGEN ABER ZUSAMMEN MIT DEN KEFIRKRISTALLEN UND DEN ROSINEN 50 G GESCHRUBBTEN UND GESCHÄLTEN INGWER UND DIESELBE MENGE KURKUMA, IN FEINE SCHEIBEN GESCHNITTEN, HINZU.

SIE KÖNNEN JE NACH SAISON, LUST UND LAUNE ALLE MÖGLICHEN SHRUBS ZUBEREITEN. VERSUCHEN SIE ES MIT APFEL/ZIMT/STERNANIS/NELKEN, ORANGE/ZITRONE, PFIRSICH/HOLUNDERBLÜTEN, ROTE BETE/ZITRONE ODER MELONE/GRANATAPFEL. SIE KÖNNEN AUCH FRISCHE KRÄUTER IN IHREN SHRUB GEBEN, DANN REDUZIERT SICH ALLERDINGS DIE HALTBARKEIT ETWAS WEGEN DER ERDBAKTERIEN IN DEN KRÄUTERN.

SHRUB

ZUBEREITUNGSZEIT ca. 10 Minuten ZIEHZEIT 3–4 Tage
HALTBARKEIT 2 Monate im Kühlschrank MENGE ca. 600 ml

BASISREZEPT:

300 g	reife Beeren oder andere Früchte
200–300 g	(kalt geschleuderter) Honig, alternativ Rohrzucker für vegane Variante
200–300 ml	milder, unfiltrierter Apfelessig inkl. Bodensatz*
1	Einmachglas, 1 l, oder Glas mit Schraubdeckel

HIMBEER-HIBISKUS-SHRUB:

300 g	Himbeeren, frisch oder gefroren und aufgetaut
1 Handvoll	getrocknete Hibiskusblüten
250 g	(kalt geschleuderter) Honig
200–300 ml	milder Apfelessig inkl. Bodensatz*

BASISREZEPT:

- Immer reife Früchte verwenden, aber keine überreifen, da dies die Haltbarkeit verringert.

- Die gewaschenen Früchte in kleinere Stücke schneiden und in einem großen Glas mit Schraubdeckel oder Bügelverschluss mit Honig vermischen. Gut umrühren und 2–3 Tage im Kühlschrank stehen lassen. Währenddessen ein paarmal schütteln.

- Essig untermischen und nochmals ein paar Tage im Kühlschrank stehen lassen. Durch ein feinmaschiges Sieb gießen und die Früchte mit der Rückseite eines Löffels gut zerdrücken, sodass möglichst viel von all dem Guten in den fertigen Shrub gelangt. Am besten gießt man die Mischung zuerst in eine Schüssel und danach in das gesäuberte Glas.

HIMBEER-HIBISKUS-SHRUB:

- Den Anweisungen des Basisrezepts folgen. Die Hibiskusblüten werden mit den Früchten zugefügt.

** Achten Sie darauf, dass etwas Bodensatz mit in Ihren Shrub kommt, er enthält nämlich besonders viele probiotische Bakterien.*

CREMIGER KOMBUCHA-DRINK MIT ANANAS, SPINAT UND INGWER

ZUBEREITUNGSZEIT 5 Minuten ANZAHL PORTIONEN 2

250 g	Ananas, Schälgewicht
100 g	gefrorener Spinat
15 g	Ingwer, geschrubbt oder geschält
200 ml	Kombucha, alternativ Wasserkefir oder Kwas
150 ml	Mineralwasser, Kokoswasser oder normales kaltes Wasser
evtl. 1–2 TL	(kalt geschleuderter) Honig
1 Handvoll	Minze

- Die geschälte Ananas in kleinere Stücke schneiden. Zusammen mit Spinat, gesäubertem Ingwer, Kombucha, Mineralwasser und evtl. Honig in einen Mixer geben. Die Minze waschen und trocken schleudern und mit in den Mixer geben. Mixen, bis ein leckerer cremiger Smoothie entstanden ist. Der Smoothie gerinnt etwas, wenn er steht, wird aber wieder flüssig, wenn man ihn umrührt.

HIMBEERLASSI MIT BANANE

ZUBEREITUNGSZEIT 5 Minuten ANZAHL PORTIONEN 2

300 ml	Joghurt
200 ml	Wasserkefir, alternativ Kombucha
100 g	gefrorene Himbeeren*
1 kleine	Banane
½ TL	Vanillepulver
1	unbehandelte Zitrone
evtl. 1–2 TL	(kalt geschleuderter) Honig

- Joghurt, Wasserkefir, Himbeeren, Banane, Vanillepulver und fein geriebene Zitronenschale in einen Mixer geben und mixen, bis ein schön cremiges Lassi entstanden ist. Evtl. mit Honig abschmecken und erneut mixen.

**Das dänische Gesundheitsamt empfiehlt, gefrorene Beeren ein paar Minuten aufzukochen und dann wieder einzufrieren.*

SIE KÖNNEN DIESES LASSI MIT JEGLICHER ART VON BEEREN UND FRÜCHTEN MACHEN. PROBIEREN SIE AUCH EINMAL KOMBUCHA ANSTELLE VON WASSERKEFIR. IM PRINZIP GEHT AUCH KWAS, ES HAT ALLERDINGS DIE TENDENZ, SEHR KRÄFTIG HERAUSZUSCHMECKEN.

JOGHURT

ZUBEREITUNGSZEIT 10 Minuten ERHITZEN UND STEHZEIT bis zu 13 Stunden
HALTBARKEIT 8 Tage im Kühlschrank MENGE 1 l

KUHMILCH UND ZIEGENMILCH:

1 l	nicht pasteurisierte Kuh- oder Ziegenmilch
2 EL	Joghurt, am besten 10 % – alternativ Joghurtkultur*
evtl. 2 EL	Magermilchpulver oder Tapiokamehl**

oder

PFLANZENMILCH:

1 l	Pflanzenmilch
2 EL	Pflanzenmilchjoghurt – alternativ Joghurtkultur*
2 EL	Tapiokamehl**

KUHMILCH UND ZIEGENMILCH:

- Kuh- oder Ziegenmilch erhitzen Sie bis kurz über 41 °C. Verwenden Sie ein Thermometer. Anschließend Joghurt und evtl. Magermilchpulver untermischen, am besten ohne dass es schäumt. Es sollte jedoch gründlich vermischt werden, sodass der Joghurt oder die Starterkultur gleichmäßig in der ganzen Milch verteilt wird. In Gläser geben.

- Falls Sie eine Joghurtmaschine verwenden, diese, wie in der Anleitung angegeben, einschalten. Die meisten sind so einfach, dass man sie nur einschalten muss, dann machen sie alles von selbst. 12 Stunden stehen lassen und den Joghurt anschließend in den Kühlschrank stellen. Alternativ können Sie die Joghurt in den Gläsern säuern, die mit der Styroporkiste geliefert werden (siehe Seite 68).

PFLANZENMILCH:

- Pflanzenmilch zuerst auf ca. 85 °C erhitzen und dann auf 41 °C abkühlen. Anschließend den Anweisungen von oben folgen. Es empfiehlt sich, Tapiokamehl zu verwenden, um eine etwas festere Konsistenz zu erhalten.

Fortsetzung nächste Seite

Joghurt – Fortsetzung

AUSRÜSTUNG:
Es ist ganz einfach, mithilfe einer Joghurtmaschine oder einer Styroporbox Joghurt zu machen. Tipps für den Einkauf finden Sie auf Seite 68. Ein Thermometer ist ebenfalls ein Muss, siehe Tipps auf Seite 68.

**Falls Sie Starterkultur verwenden, folgen Sie der Packungsanweisung. Tipps, wo Sie welche kaufen können, finden Sie auf Seite 68.*

***Besonders Magermilchpulver bewirkt, dass der Joghurt fester wird. Es ist jedoch nicht notwendig, wenn Sie kein Problem damit haben, dass der Joghurt vielleicht etwas flüssiger ist als gekaufter. Man kann auch Tapiokamehl verwenden, aber mit nicht ganz so gutem Resultat.*

SIE KÖNNEN JOGHURT SOWOHL MIT KUHMILCH ODER ZIEGENMILCH ALS AUCH MIT PFLANZENMILCH MACHEN. WIR HABEN ES MIT VIELEN ARTEN VON MILCH GETESTET UND ERZIELTEN DIE BESTEN ERGEBNISSE MIT KUH- UND ZIEGENMILCH. SOJAMILCH ERGIBT AUCH EINEN RICHTIG GUTEN JOGHURT, UND ES IST EINFACH, DAMIT ZU ARBEITEN. FÜR EINEN ETWAS FETTEREN UND CREMIGEREN JOGHURT KÖNNEN SIE AUCH 200 ML MILCH DURCH SCHLAGSAHNE ERSETZEN.

MANDELMILCH UND KOKOSMILCH SIND ETWAS SCHWIERIGER ZU VERARBEITEN, UND DAS RESULTAT IST SCHWANKEND. DER JOGHURT HAT OFT EHER DIE KONSISTENZ VON MILCHKEFIR ALS VON NORMALEM JOGHURT.

MANCHE MEINEN, ES HILFT DEM PROZESS UND DEM RESULTAT, 1 TL HONIG ODER AHORNSIRUP IN DIE MILCH ZU GEBEN, ABER AUCH DAMIT VARIIERT DAS ENDERGEBNIS, JE NACHDEM, WELCHE MILCH VERWENDET WIRD. WENN SIE NUR DEN FETTEN TEIL DER KOKOSMILCH NEHMEN, ALSO DEN TEIL, DER SICH IN DER DOSE OBEN ABSETZT, WENN SIE IM KÜHLSCHRANK STEHT, WIRD DER JOGHURT GENAUSO DICK, ABER ES IST GESCHMACKSSACHE, OB MAN DIESE SEHR FETTE VARIANTE MAG ODER NICHT.

MILCHKEFIR

ZUBEREITUNGSZEIT 5 Minuten FERMENTIERUNGSZEIT 1–2 Tage
HALTBARKEIT max. 1 Woche im Kühlschrank MENGE 1 l

1 l	nicht pasteurisierte Milch
2 EL	Milchkefirknollen
1	Einmachglas, 1 l, oder anderes Glas mit lockerem Deckel
1	Flasche, 1 l, mit Bügel- oder Schraubverschluss

- Die Milch in das saubere, ausgekochte Glas geben.

- Die Milchkefirknollen vorsichtig in einem Plastiksieb unter fließend kaltem Wasser abspülen. Gut abtropfen lassen und in die Milch geben. Den Deckel ohne Gummiring darauflegen, sodass die Milch Luft bekommt, und bedeckt an einem lauwarmen Ort 24–48 Stunden fermentieren lassen. Nach 24 Stunden probieren, dann können Sie sehen, ob er Ihnen säuerlich genug ist oder ob er noch etwas Zeit braucht.

- Wenn der Milchkefir fertig ist, durch ein Plastiksieb und einen Trichter in die saubere Flasche umfüllen. Die Knollen werden für die Herstellung einer neuen Portion verwendet. Wenn man damit noch etwas warten will, kann man sie in etwas Milch im Kühlschrank aufbewahren. So halten sie sich mehrere Wochen lang.

FÜR EINEN ETWAS FETTEREN KEFIR KANN MAN EINFACH ETWAS SAHNE UNTER DIE MILCH MISCHEN. KEFIR LÄSST SICH SOWOHL AUS VOLLMILCH ALS AUCH AUS FETTARMER MILCH HERSTELLEN, UND SOWOHL KUH- ALS AUCH ZIEGENMILCH ERGEBEN EIN GUTES RESULTAT. SIE KÖNNEN AUCH PFLANZENMILCHKEFIR MACHEN, WENN ES IHNEN NICHTS AUSMACHT, DAZU DIE MILCHKEFIRKNOLLEN ZU VERWENDEN.

LABNEH

ZUBEREITUNGSZEIT 5 Minuten ABTROPFZEIT 12 Stunden
HALTBARKEIT 3 Tage im Kühlschrank MENGE ca. 200–300 ml

1 l	Kuh-, Ziegen oder Pflanzenmilchjoghurt
1 großes	Seihtuch oder eine Stoffwindel
1 langes Stück	Küchengarn
1 große	Schüssel

- Den Joghurt in das Seihtuch geben, mit der Schnur zusammenbinden und zum Abtropfen über eine Schüssel hängen. Ich hänge meines immer an einen Haken an die Decke und stelle die Schüssel auf meine Arbeitsfläche.

- Ca. 12 Stunden hängen lassen; anschließend ist Frischkäse im Seihtuch und Molke in der Schüssel. Die Molke kann man zur Herstellung von Käse verwenden oder aus ihr Kwas (siehe S. 85), Marmelade (S. 119), Smoothies oder Brot machen.

LABNEH WIRD IN DER KÜCHE DES MITTLEREN OSTENS VIEL VERWENDET UND SCHMECKT WIE EIN LEICHT SÄUERLICHER FRISCHKÄSE. SIE KÖNNEN IHN ALS AUFSTRICH, FÜR SALATE, AUF PIZZA, FÜR CHEESECAKE (SIEHE REZEPT S. 163) UND DESSERTS VERWENDEN. SIE KÖNNEN AUCH KLEINE KUGELN AUS DEM KÄSE FORMEN UND IN EINEM GUTEN ÖL MIT GEWÜRZEN MARINIEREN, ÄHNLICH WIE MARINIERTER ZIEGENKÄSE.

DAS FERMENTIEREN VON GEMÜSE UND OBST

Sie können im Grunde jegliche Art von Gemüse außer Kartoffeln fermentieren. Da es nicht lange dauert, wenn Sie erst angefangen haben, können wir nur empfehlen, Verschiedenes auszuprobieren, um zu sehen, was Sie am liebsten mögen. Einige Gemüsesorten wie Spargel oder Topinambur schmecken sehr kräftig, wenn sie fermentiert werden, es ist also wirklich Geschmackssache, ob man das eine oder das andere lieber mag.

In diesem Kapitel machen wir Ihnen ein paar Vorschläge für Gemüse, das Sie fermentieren können. Abgesehen von Kohl, fermentiert man das meiste Gemüse mithilfe von Salzlake (siehe Seite 61).

Es schmeckt lecker, wenn man beim Fermentieren Kräuter und Gewürze zufügt, aber passen Sie auf, der Geschmack verstärkt sich während des Prozesses sehr, nehmen Sie also beim ersten Mal lieber zu wenig als zu viel, und variieren Sie die Menge, wenn Sie mehr Erfahrung haben.

DAS FERTIGE KRAUT SCHMECKT LECKER, SO WIE ES IST. SIE KÖNNEN ES ABER AUCH IN EINEN FRISCHEN COLESLAW MISCHEN. HIERZU NIMMT MAN CA. ¼ KRAUT UND ¾ FRISCHEN KOHL, KAROTTEN, SPARGEL ODER WAS SIE SONST MÖGEN, UND EIN TRADITIONELLES COLESLAWDRESSING. IN WARMER FORM IST SAUERKRAUT AUCH HERVORRAGEND. DAFÜR KÖNNEN SIE ZUM BEISPIEL ROTE ZWIEBELN IN BUTTER ODER ÖL ANSCHWITZEN, DAS KRAUT UNTERMISCHEN, MIT ETWAS PFEFFER WÜRZEN, ETWAS WEISSWEIN UND/ODER BRÜHE ZUGIESSEN UND BEI GLEICHMÄSSIGER HITZE ETWA 1 STUNDE LANG KÖCHELN LASSEN.

SAUERKRAUT

ZUBEREITUNGSZEIT 30 Minuten FERMENTIERUNGSZEIT 2–4 Wochen
HALTBARKEIT ca. 6 Monate im Kühlschrank MENGE ca. 1½ l

1 kg	Weißkohl oder Spitzkohl, gesäubert und vom Strunk befreit
1 EL	Salz
1	Glas, 1½ l

- Die äußersten Blätter des Kohls entfernen, säubern und aufheben.

- Anschließend den Kohlkopf längs halbieren, den Strunk entfernen und wegwerfen. Den Kohl in sehr dünne Streifen schneiden. Gründlich waschen und ganz abtropfen lassen.

- In eine sehr große Schüssel geben und das Salz gründlich einmassieren. Dabei reichlich Kraft anwenden, da der Kohl gut durchgeknetet werden soll. Nach ein paar Minuten wird immer mehr Flüssigkeit entstehen. Wenn der Kohl ganz weich ist und in Flüssigkeit schwimmt, ist er fertig, um in ein sauberes, ausgekochtes Glas gefüllt zu werden.

- Es ist wichtig, den Kohl gut im Glas herunterzudrücken, am besten mit einem Stampfer. Es sollen keine Luftblasen bleiben, denn dann können sich leicht Schimmelpilze bilden.

- Bis zum Deckel sollten mindestens 3 cm Luft bleiben. Wenn nicht genug Platz im Glas ist, lieber 2 kleinere Gläser verwenden. Das aufgesparte Kohlblatt evtl. etwas kleiner reißen, sodass es ins Glas passt, und den Kohl mit dem Blatt abdecken. Dafür sorgen, dass das Ganze in die Flüssigkeit gedrückt wird. Wenn nicht genug Flüssigkeit vorhanden ist, etwas 20 prozentige Salzlake einfüllen (siehe Seite 61). Man kann auch andere Formen von Gewichten verwenden, siehe Vorschläge auf Seite 68.

- Den Kohl an einem lauwarmen, dunklen Ort fermentieren lassen.

EIN PAAR DÜNNE APFELSCHEIBEN UNTER DEN KOHL ZU MISCHEN GIBT DEM KRAUT EINE FRISCHE NOTE. SCHICHTEN SIE SIE LAGENWEISE AUF, WENN SIE DAS GLAS FÜLLEN. SIE KÖNNEN AUCH EINEN FERMENTIERTEN COLESLAW MACHEN, INDEM SIE GROB GERIEBENEN KNOLLENSELLERIE UND KAROTTEN IN DEN KOHL MISCHEN. ROTKOHL LÄSST SICH EBENFALLS GUT FERMENTIEREN, LECKER IST EINE WEIHNACHTLICHE VARIANTE MIT ETWAS ORANGEN UND NELKEN DARIN.

FERMENTIERTES GEMÜSE

ZUBEREITUNGSZEIT 10–45 Minuten FERMENTIERUNGSZEIT 1–3 Wochen
HALTBARKEIT 6 Monate MENGE ca. 750 g

SCHWARZWURZELN:

1 kg	Schwarzwurzeln
1	Zitrone
1 TL	schwarze Pfefferkörner oder andere Gewürze
ca. 1 l	Salzlake 3 %, siehe Anleitung Seite 61
2	Gläser à ¾ l

- Die Wurzeln schälen und sofort in kaltes Wasser mit Zitronensaft legen, damit sie nicht braun werden. So zuschneiden, dass sie in der Höhe in die Gläser passen, die verwendet werden. In den sauberen Gläsern aufstellen, sodass sie dicht zusammenstehen, dann bleiben sie leichter unter der Salzlake. Pfefferkörner hineingeben und mit der Lake übergießen.

- Den Deckel darauflegen und 1–3 Wochen fermentieren. Sie schmecken nach einer Woche schon gut und sind nach 3 Wochen ganz fermentiert.

GRÜNE BOHNEN:

1 kg	grüne Bohnen
1 TL	schwarze Pfefferkörner
	evtl. ein paar Zweige Thymian oder andere Kräuter
ca. 1 l	Salzlake 3 %, siehe Anleitung Seite 61
2	Gläser à ¾ l

- Die Bohnen abspülen und die Enden abschneiden. 2–3 Minuten in leicht gesalzenem, kochendem Wasser blanchieren, sodass sie weich, aber immer noch al dente sind. In ein Sieb geben und mit kaltem Wasser abschrecken, sodass sie ihre schöne grüne Farbe behalten.

- Ganz abkühlen lassen und in die sauberen Gläser geben. Pfefferkörner und evtl. gut gewaschene Kräuter zufügen. Die Salzlake darübergießen, sodass alles bedeckt ist, und evtl. ein Gewicht darauflegen, sodass die Bohnen unter der Lake gehalten werden. Den Deckel darauflegen und 1–3 Wochen fermentieren.

FERMENTIERTE CHILISOSSE MIT KNOBLAUCH UND INGWER

ZUBEREITUNGSZEIT 10 Minuten FERMENTIERUNGSZEIT 2 Wochen
HALTBARKEIT ca. 6 Monate im Kühlschrank MENGE ca. ½ l

25 g	Ingwer, geschrubbt/geschält
6–8	Knoblauchzehen
300 g	große rote Chilischoten
1 EL	Rohrzucker oder Honig
1 TL	Salz
1–2 EL	Wasser
1	Glas, ¾ l

- Den Ingwer sehr gründlich reinigen, sodass keine Erdreste mehr daran sind.
- Die Knoblauchzehen schälen. Die Chilischoten waschen und die Stiele abschneiden.
- Alle Zutaten in eine Küchenmaschine geben und mixen, bis eine cremige Soße entstanden ist. Evtl. etwas mehr Wasser zufügen, falls nötig.
- Die Soße in ein sauberes, ausgekochtes Glas geben und an einem lauwarmen, dunklen Ort 2 Wochen fermentieren lassen. Evtl. in den ersten paar Tagen umrühren, um zu sichern, dass keine Luftblasen in der Soße sind.

SIE KÖNNEN AUCH FERMENTIERTEN KNOBLAUCH UND DIE FERMENTIERUNGSFLÜSSIGKEIT DES KNOBLAUCHS ANSTELLE VON WASSER VERWENDEN. DIE SOSSE SCHMECKT GUT ZU GEGRILLTEM FLEISCH ODER FISCH, ALS SCHARFER PFIFF IN EINEM LECKEREN THAISALAT ODER, GEMISCHT MIT EIN WENIG HOCHWERTIGER MAYONNAISE, ALS AUFSTRICH FÜR EIN SANDWICH.

KIMCHI

ZUBEREITUNGSZEIT 30 Minuten EINLEGEZEIT 2 Stunden FERMENTIERUNGSZEIT 4–6 Tage
HALTBARKEIT 6 Monate im Kühlschrank MENGE ca. 1½ l

1 l	Wasser, am besten gereinigtes Wasser oder Quellwasser, siehe Seite 62
20 g	Salz
1	Chinakohl, ca. 500 g, vom Strunk befreit
2	Karotten, ca. 150 g Schälgewicht
½ kleiner	Chinarettich, ca. 300 g Schälgewicht
1 Bund	Frühlingszwiebeln, ca. 300 g, geputzt
ca. 20 g	Ingwer, geschrubbt/geschält
evtl. 20–30 g	Kurkuma, geschrubbt/geschält
3	Knoblauchzehen
2 EL	Fischsoße, kann für die vegetarische Variante weggelassen werden
6 EL	fermentierte Chilisoße, siehe Seite 111, alternativ 2–3 frische rote Chilischoten
2	Gläser à ¾ l

- Das Salz wie auf Seite 61 beschrieben im Wasser auflösen. Den Kohl in dünne Streifen von ca. ¾ cm schneiden. Manche schneiden ihn auch dicker, das ist Geschmackssache. Gründlich abspülen und abtropfen lassen. In einer Schüssel mit dem Salzwasser übergießen und einen Teller darauflegen, sodass der Kohl unter Wasser gehalten wird. Ein paar Stunden stehen lassen.

- Karotten und Rettich schrubben/schälen und grob reiben. Die Frühlingszwiebeln von den Wurzeln befreien, putzen und in dünne Scheiben schneiden. Den gesäuberten Ingwer, Kurkuma und Knoblauch fein hacken. Den Kohl abtropfen lassen, aber etwas Salzwasser aufsparen.

- Alle Zutaten vermischen und ein paar Minuten gut kneten, sodass sie beginnen, Flüssigkeit abzugeben. Abschmecken, es sollte pikant und leicht salzig schmecken. Evtl. noch etwas Salz zufügen. In ein sauberes, ausgekochtes Glas geben und gut herunterdrücken, sodass alles von Flüssigkeit bedeckt ist und keine Luftblasen vorhanden sind. Wenn das nicht möglich ist, etwas von der Salzlake zugießen. Wie auf Seite 67 und Seite 107 beschrieben, unten halten. Das Glas zum Fermentieren an einen lauwarmen Ort stellen.

- Das Kimchi ab dem 3. Tag täglich abschmecken, sodass Sie selbst entscheiden können, wann Sie es säuerlich genug finden. Nach 5–6 Tagen in den Kühlschrank stellen.

GESALZENE ZITRONEN

ZUBEREITUNGSZEIT 15 Minuten FERMENTIERUNGSZEIT 3–4 Wochen
HALTBARKEIT ca. 1 Jahr im Kühlschrank MENGE 10–12 Zitronen

ca. 1½ kg	kleine, schöne, gelbe unbehandelte Zitronen
5 EL	Salz
1 großes	Glas, ca. 1½ l

- Die Zitronen gründlich waschen. Von allen beide Enden entfernen und den Saft aus den Enden in das saubere, ausgekochte Glas pressen.

- 1 kg der Zitronen kreuzweise einschneiden, sodass sie geviertelt werden, jedoch ohne sie ganz auseinanderzuschneiden. Sie sollen noch an einem Ende zusammenhängen. Vorsichtig auseinanderbiegen und in jede Zitrone 1 TL Salz geben.

- Alle Zitronen schichtweise mit dem restlichen Salz in das Glas geben und gut herunterdrücken, am besten mit einem Stampfer. Den Saft aus dem restlichen halben Kilo Zitronen pressen und ins Glas geben. Die Zitronen sollen von Saft bedeckt sein. Falls sie das nicht sind, etwas gereinigtes Wasser zufügen (siehe Empfehlungen Seite 62). Sorgen Sie dafür, dass sie unter Wasser bleiben, besonders in der ersten Fermentierungswoche, in der sie immer noch die Tendenz haben, an die Oberfläche zu kommen. Siehe dazu Seite 67.

DIESE GESALZENEN ZITRONEN MAROKKANISCHER ART SCHMECKEN ZU VIELEN GERICHTEN HERVORRAGEND, SOWOHL ZU FISCH UND FLEISCH ALS AUCH ZU VEGETARISCHEN GERICHTEN, UND SIE KÖNNEN AUCH EINE KLEINE, FRECHE MARMELADE DARAUS MACHEN. HIERZU DIE ZITRONEN IN KLEINE STÜCKE SCHNEIDEN UND MIT HONIG KOCHEN. DER SALZIGE GESCHMACK MACHT DIE MARMELADE PIKANT, SODASS SIE ZUM BEISPIEL GUT ZU EINER KÄSEPLATTE PASST.

GURKENRELISH

ZUBEREITUNGSZEIT 25 Minuten FERMENTIERUNGSZEIT 6–8 Tage
HALTBARKEIT 2 Wochen MENGE ca. 700 ml

1 große	braune oder weiße Zwiebel, ca. 100 g Schälgewicht
2	Knoblauchzehen
1 große Handvoll	Dill
1 große	Gurke, ca. 300 g
1 große	grüne Paprika
1 große	grüne Chilischote
1 TL	gelbe Senfkörner
1–2 TL	Salz, gerne Himalajasalz, alternativ Meersalz
1	Glas, 1 l

- Zwiebel und Knoblauch fein hacken. Den Dill waschen, trocken schleudern und ebenfalls fein hacken. Gurke, Paprika und Chili waschen und alles fein hacken.

- Alle Zutaten vermischen. Es darf gerne etwas salzig schmecken, aber nicht versalzen sein. In ein sauberes Glas geben, sodass mindestens 3 cm Luft bis zum Deckel sind, den Deckel darauflegen und zum Fermentieren an einen dunklen Ort stellen.

- Das Relish in den ersten beiden Fermentierungstagen einmal täglich umrühren und danach ein Gewicht darauflegen, um Schimmel zu vermeiden. Wenn die Flüssigkeit die Mischung nicht bedeckt, etwas 30-prozentige Salzlake zufügen.

- An Tag 6 probieren. Je nachdem, wie säuerlich Sie es mögen, können Sie es schon jetzt in den Kühlschrank stellen, aber meist schmeckt es nach 7–8 Tagen am besten.

SÜSSE VARIATION: DIE GRÜNE PAPRIKA DURCH EINE ROTE ERSETZEN UND 1 EL KALT GESCHLEUDERTEN HONIG UND 1 TL KURKUMA ZUFÜGEN.

DIESES REZEPT IST MIT NORMALEN SCHLANGENGURKEN GEMACHT, WEIL MAN SIE DAS GANZE JAHR HINDURCH IN JEDEM SUPERMARKT BEKOMMT. MAN KANN ABER AUCH EINLEGEGURKEN VERWENDEN – WENN SIE WELCHE BEKOMMEN, NEHMEN SIE LIEBER DIESE.

FERMENTIERTES OBST

ZUBEREITUNGSZEIT 5 Minuten FERMENTIERUNGSZEIT 24 Stunden
HALTBARKEIT 8 Tage im Kühlschrank MENGE ca. 150 ml

150 g	Beeren oder Obst
¼ TL	Salz
2 EL	Molke, siehe Seite 103
1	unbehandelte Zitrone
1/8 TL	Vanillepulver
1	Glas, 200 ml

- Die Beeren waschen und trocknen lassen, dann mit Salz, Molke, fein geriebener Zitronenschale und Vanillepulver vermischen. Falls Obst verwendet wird, dieses fein hacken, Beeren mit der Rückseite eines Löffels zerdrücken, bis sie zerkleinert sind.

- Die Früchte in ein sauberes, ausgekochtes Glas geben, den Deckel schließen und 24 Stunden fermentieren lassen. Das Glas anschließend in den Kühlschrank stellen.

FERMENTIERTES OBST SCHMECKT ETWAS SPEZIELL UND NICHT BESONDERS SÜSS, DA DIE SÜSSE NUR VOM EIGENEN FRUCHTZUCKER DER FRÜCHTE KOMMT. WENN SIE ES ZU SAUER FINDEN, FÜGEN SIE NACH DER ABGESCHLOSSENEN FERMENTIERUNG ETWAS HONIG HINZU. DAS OBST SCHMECKT LECKER ALS UNGESÜSSTE MARMELADENVARIANTE, MIT JOGHURT VERMISCHT ODER ALS TOPPING AUF REIS- ODER GRIEßBREI.

SIE KÖNNEN JE NACH GESCHMACK UND JAHRESZEIT ALLE ARTEN VON BEEREN UND FRÜCHTEN VERWENDEN. AUF DEM BILD HABE ICH FRISCHE HIMBEEREN GENOMMEN, DIE ZIEMLICH SAUER WERDEN. ERDBEEREN, PFIRSICHE, MELONE UND BLAUBEEREN SCHMECKEN FERMENTIERT EBENFALLS RICHTIG LECKER.

KALTE UND WARME GERICHTE

Es gibt unendlich viele leckere Gerichte, die man sowohl aus den in diesem Buch vorgestellten Getränken als auch mit dem fermentierten Gemüse zubereiten kann. Dasselbe gilt natürlich auch für jedes präbiotische Gemüse.

Bei uns zuhause lieben wir vor allem Sauerkraut, mit vielen Zwiebeln in der Pfanne angeschwitzt, mit etwas Weißwein und ein paar Lorbeerblättern aufgegossen und danach im Ofen ca. 1 Stunde ganz weich geköchelt. Sauerkraut kann zwar ein etwas saures Vergnügen sein, besonders für zarte Gaumen, aber zubereitet auf diese Weise, mögen es die meisten.

Sowohl Spargel als auch Schwarzwurzeln sind leicht gedämpft mit Kräuterbutter hervorragend, und sie schmecken auch beide in rohem Zustand, fein gehobelt in diversen Salaten.

Chicorée ist ein etwas unterschätztes Gemüse, das Salaten, aber auch warmen Gerichten eine angenehm bittere Note verleiht, wenn Sie es anstelle von Kohl oder Pak Choi verwenden.

Graupen können Sie jederzeit anstelle von Reis wählen, um daraus Orzotto (statt Risotto) zu zaubern oder um sie in Salaten, Gratins und Ähnlichem zu verwenden.

Wir nehmen bei einigen Rezepten Artischocken aus dem Glas, weil dies weitaus einfacher und schneller ist, als wenn Sie sie selbst kochen. Produkte von guter Qualität, gerne in Olivenöl, schmecken sehr gut und verfügen über einen hohen Wert für Ihre Gesundheit. Wenn Sie sich zutrauen, sie selbst zu kochen, oder wenn Sie in den verschiedenen Rezepten ein bisschen mit fein gehackten rohen Artischockenherzen experimentieren wollen, wird es aber sicher mindestens genauso gut.

DER SALAT SCHMECKT AUCH MIT REIS ODER QUINOA ANSTELLE VON GRAUPEN LECKER, UND SIE KÖNNEN DAS GEMÜSE JE NACH SAISON UND LAUNE VARIIEREN.

GRAUPENSALAT MIT AUBERGINE UND ARTISCHOCKENHERZEN

ZUBEREITUNGSZEIT 35 Minuten SALZEN 1 Stunde ANZAHL PORTIONEN 2

75 g	Graupen
1 große	Aubergine
1 große Handvoll	frische Kräuter, z.B. Petersilie, Basilikum, Oregano, Estragon oder Minze
½ große	gesalzene Zitrone, siehe Seite 115
1 Bund	grüner Spargel
6–8 Viertel	Artischockenherzen aus dem Glas
1 kleine Handvoll	Nüsse
2–3 EL	natives Olivenöl extra
	Salz, gerne Himalajasalz
	evtl. frisch gemahlener Pfeffer

- Die Graupen gründlich abspülen und nach Packungsanweisung kochen. Abtropfen und abkühlen lassen.
- Die Auberginen längs halbieren und danach in ca. 1 cm dicke Scheiben schneiden. In ein Sieb geben und mit reichlich Salz bestreuen. Die Scheiben nach 1 Stunde kurz mit kaltem Wasser abspülen und die Flüssigkeit herausdrücken. Das geht am besten mit einer Küchenrolle oder einem sauberen Geschirrtuch. Mit etwas Öl bestreichen und in einer heißen Grillpfanne weich grillen.
- Die Kräuter waschen, trocken schleudern und fein hacken. Die gesalzene Zitrone in dünne Scheiben schneiden. Den Spargel abspülen, die Enden abbrechen und den Rest in kleinere Stücke schneiden. Die Artischockenherzen abtropfen lassen.
- Die Nüsse grob hacken und in einer trockenen Pfanne bei mittlerer Hitze ein paar Minuten rösten.
- Alle Zutaten vermischen und mit Salz und Pfeffer abschmecken.

CHICORÉE MIT RADICCHIO, TOPINAMBUR UND SENFDRESSING

ZUBEREITUNGSZEIT 10 Minuten ANZAHL PORTIONEN 2

1 großer	Chicorée
1 kleinerer	Radicchio
3–4	Topinambur
½	unbehandelte Zitrone
100 g	Roquefort, kann weggelassen werden
1 große Handvoll	Walnusskerne

DRESSING:

2 EL	natives Olivenöl extra
1 TL	grobkörniger Senf
½ TL	Apfelessig
evtl. 1 TL	Honig
	Salz, gerne Himalajasalz
	frisch gemahlener Pfeffer

- Alle Blätter von den Salatköpfen zupfen, waschen und trocken schleudern.

- Den Topinambur gründlich schrubben, in sehr dünne Scheiben hobeln, am besten mithilfe eines Gemüsehobels. In etwas kaltes Wasser mit Zitronensaft legen, sodass sie nicht braun werden.

- Die Salatblätter auf Tellern verteilen. Den Käse in kleineren Stücken darüber verteilen. Die Nüsse bei mittlerer Hitze in einer trockenen Pfanne ein paar Minuten rösten, in kleinere Stücke zerstoßen und auf dem Salat verteilen. Die Topinamburscheiben abtropfen lassen und ebenfalls über den Salat verteilen.

- Aus Öl, Senf, Essig und Honig ein Dressing anrühren und mit Salz und Pfeffer abschmecken. Den Salat damit beträufeln und servieren.

RAMEN

ZUBEREITUNGSZEIT 25 Minuten   MARINIERZEIT 1 Tag   ANZAHL PORTIONEN 2

MARINIERTE EIER:

2	Eier
100 ml	Tamari, alternativ Sojasoße
2–3	Sternanis
ca. 25 g	Ingwer, geschrubbt/geschält
2	Knoblauchzehen

SUPPE:

600–700 ml	kräftige selbst gemachte Hühner- oder Rinderbrühe, alternativ gekaufte
2 kleine Handvoll	Reste von gekochtem oder im Ofen gebratenen Hühnchen*
2 Handvoll	Brokkoliröschen oder anderes Gemüse, ca. 300 g
50 g	Vollkornreisnudeln, Buchweizennudeln oder andere Nudeln
2 TL	Miso
4 große	Frühlingszwiebeln
1 große	rote Chilischote
2 große Handvoll	Sojabohnensprossen
3–4 EL	Kimchi, siehe Seite 113

- Die Eier hart kochen, schälen und in eine Marinade aus Tamari, Sternanis, geriebenem Ingwer und Knoblauch geben. Das geht am einfachsten in einem Gefrierbeutel, dann kann man sie währenddessen ein paarmal wenden. Im Kühlschrank über Nacht marinieren lassen und die Marinade wegschütten, wenn sie verwendet werden sollen. Das kann zwar etwas umständlich wirken, aber die Eier schmecken einfach toll, und es macht einen großen Unterschied für die Suppe, ob sie so zubereitet werden oder nicht.

- Die Suppe erhitzen. Das Fleisch mit der Hand etwas zerkleinern. Die Brokkoliröschen waschen und längs halbieren. In die Brühe geben und ca. 1 Minute mit den Nudeln kochen. Die Kochzeit der Nudeln hängt davon ab, welche Art verwendet wird, dazu die Packungsanweisung lesen und die Nudeln evtl. in der Brühe kochen, bevor der Brokkoli zugefügt wird. Die Misopaste zusammen mit dem Fleisch in die heiße Brühe mischen. Frühlingszwiebeln und Chilischote in dünne Scheiben schneiden und mit den Sojasprossen, dem Kimchi und den halbierten Eiern in der Suppe verteilen. Heiß servieren.

**Sie können auch Enten-, Rind- oder Lammfleisch für die Suppe verwenden. In der Originalversion wird sie oft mit Schweinefleisch gemacht. Falls Sie eine dieser genannten Fleischsorten verwenden, können Sie entweder Langzeitgebratenes nehmen oder das Fleisch in Streifen in einer Pfanne kurz braten.*

SCHARFE RIESENGARNELEN MIT ARTISCHOCKEN UND GESALZENER ZITRONE

ZUBEREITUNGSZEIT 15 Minuten ANZAHL PORTIONEN 2

2 kleinere	Zwiebeln, ca. 120 g Schälgewicht
2 große	Knoblauchzehen
1	rote Chilischote
2 EL	natives Olivenöl extra
3	Anchovisfilets
1 Packung	Riesengarnelen*
½ kleine	gesalzene Zitrone, siehe Seite 115
8 Viertel	Artischockenherzen
1 Handvoll	Kräuter, z.B. Petersilie und Zitronenverbene
	Salz, gerne Himalajasalz

- Die Zwiebeln schälen, quer halbieren und dann in dünne Scheiben schneiden. Die Knoblauchzehen fein hacken. Die Chili in dünne Scheiben schneiden.

- Zwiebeln, Knoblauch und Chili bei mittlerer Hitze im Öl anbraten, ohne dass sie braun werden. Die Anchovisfilets zufügen. Wenn sie sich in der Pfanne aufgelöst haben, die Garnelen zufügen. Während sie ein paar Minuten braten, die Zitrone in dünne Scheiben schneiden und zusammen mit den Artischockenherzen dazugeben.

- Mit Salz und Pfeffer abschmecken.

- Die Kräuter waschen, trocken schleudern und fein hacken. Das Gericht damit bestreuen und servieren.

**Nehmen Sie am besten ökologische oder zumindest MSC-zertifizierte Garnelen, da Garnelen genau wie Lachs große Mengen an Umweltgiften enthalten können.*

DAZU PASST HERVORRAGEND EINE PORTION GEDÄMPFTER SPARGEL, SCHWARZWURZELN ODER GRÜNE BOHNEN. EBENFALLS TOLL: EIN GROSSER SALAT.

ZU DIESEM GERICHT PASST FAST JEDES GEMÜSE: FRISCH GEKOCHTER SPARGEL ODER GRÜNE BOHNEN, OFENGEBACKENES WURZELGEMÜSE, ROHER ODER GEDÄMPFTER KOHL. WENN SIE ES NOCH EIN BISSCHEN SÄTTIGENDER WOLLEN, KÖNNEN SIE AUCH FRISCH GEKOCHTE GRAUPEN DAZU SERVIEREN.

LAMM-TAJINE

ZUBEREITUNGSZEIT 75 Minuten ANZAHL PORTIONEN 2

300 g	Lammfleisch, z.B. von der Keule
1	rote Zwiebel, ca. 100 g Schälgewicht
3	Knoblauchzehen
2 EL	natives Olivenöl extra
½ TL	Salz, gerne Himalajasalz
	frisch gemahlener schwarzer oder weißer Pfeffer
100 ml	frische Rinder- oder Hühnerbrühe, alternativ gekaufte
1 großer	Fenchel
½	gesalzene Zitrone, siehe Seite 115
1 Handvoll	Petersilie
1 kleine Handvoll	Minze
2 EL	schwarze und grüne Oliven

- Das Fleisch in kleinere Würfel schneiden. Die Zwiebel schälen, quer halbieren und dann in dünne Scheiben schneiden. Den Knoblauch fein hacken.

- Das Lammfleisch in einer heißen Pfanne von allen Seiten in Öl anbraten, mit Salz und Pfeffer würzen und in eine feuerfeste Form geben. Die Zwiebeln untermischen und die Brühe darübergießen.

- Im vorgeheizten Ofen bei 160 °C Heißluft 30 Minuten braten, am besten bei geschlossenem Deckel.

- Den Fenchel gründlich waschen und längs in dünne Scheiben schneiden. Die Zitrone quer in dünne Scheiben schneiden. Die Kräuter waschen, trocken schleudern und fein hacken.

- Fenchel, Zitrone und Oliven mit dem Lamm vermischen und im Ofen ½ Stunde weiterbraten.

- Evtl. mit Salz und Pfeffer abschmecken und mit Kräutern bestreut servieren.

GEMÜSESPAGHETTI MIT LAUCH UND CHAMPIGNONS

ZUBEREITUNGSZEIT 30 Minuten ANZAHL PORTIONEN 2

3	Zucchini, ca. 800 g
2	Knoblauchzehen
1 großer	Zweig Rosmarin
2	Stangen Lauch, ca. 200 g, geputzt
1 Packung	Champignons, ca. 250 g, geputzt
50 ml	Schlagsahne oder Mandelsahne
1 EL	natives Olivenöl extra oder Kokosöl, Butter oder Ghee
evtl. 1 Handvoll	Petersilie
	Salz, gerne Himalajasalz, und frisch gemahlener Pfeffer
	Pecorino oder Parmesan zum Servieren

- Die geputzten Zucchini mithilfe eines Spiralschneiders, eines Gemüsehobels oder eines Julienne-Hobels in dünne Streifen schneiden.

- Den Knoblauch und die gewaschenen und getrockneten Rosmarinnadeln fein hacken. Den Lauch sehr gründlich putzen und in dünne Scheiben schneiden.

- Die Champignons ebenfalls putzen und in dünne Scheiben schneiden.

- Knoblauch, Rosmarin und Lauch bei niedriger bis mittlerer Hitze im Öl anbraten, bis der Lauch fast weich ist. Die Champignons zufügen und weitere 3–4 Minuten braten. Die Sahne untermischen und mit Salz und Pfeffer abschmecken.

- Die Petersilie waschen, trocken schleudern und fein hacken. Die Zucchinistreifen mit der heißen Soße und der Petersilie vermischen und mit etwas Pecorino servieren.

TOPINAMBUR-RISOTTO MIT HASELNÜSSEN UND THYMIAN

ZUBEREITUNGSZEIT 30 Minuten ANZAHL PORTIONEN 2

1 kleine	Zwiebel
1 EL	natives Olivenöl extra oder Butter
300 g	Topinambur, geschrubbt
125 g	Risottoreis
1 großes Glas	Weißwein, kann weggelassen werden
ca. 300 ml	Hühnersuppe oder Brühe
3–4 Zweige	Thymian
1 Handvoll	Haselnüsse
1 EL	Butter, kann weggelassen werden
50 g	Pecorino, kann weggelassen werden
	Salz, gerne Himalajasalz

- Die Zwiebel fein hacken und bei niedriger Hitze in Öl 5 Minuten anbraten.

- Den Topinambur gründlich schrubben und in kleine Würfel schneiden. Falls Sie das tun, bevor Sie ihn verwenden, anschließend in kaltes Wasser mit Zitrone legen, damit er nicht braun wird.

- Den Topinambur in die Pfanne zu den Zwiebeln geben, ein paar Minuten anschwitzen und dann den Reis zufügen.

- Nach ein paar Minuten mit Weißwein aufgießen. Einige Minuten einkochen lassen und nach und nach die Brühe zufügen, bis der Reis al dente ist, also weich, aber noch mit etwas Biss. Das Risotto soll cremig, aber nicht zu flüssig sein.

- Während es köchelt, den Thymian waschen und trocknen und die grob gehackten Haselnüsse in einer trockenen, heißen Pfanne ein paar Minuten anrösten.

- Wenn der Reis fertig ist, Butter, Pecorino und Thymianblätter zufügen und evtl. mit Salz abschmecken. Mit Haselnüssen bestreut servieren.

KURZ GEBRATENE GRAUPEN MIT BROKKOLIREIS UND KIMCHI

ZUBEREITUNGSZEIT 30 Minuten ANZAHL PORTIONEN 2

75 g	Graupen
1 kleiner	Brokkoli, ca. 250 g, geputzt
2	Schalotten, ca. 50 g Schälgewicht
2	Knoblauchzehen
1½ EL	natives Olivenöl extra
1 große Handvoll	Palmkohlblätter
1 große Handvoll	Koriander
100 ml	Kimchi
1–2 EL	Tamari, alternativ Sojasoße
	Salz, gerne Himalajasalz

- Die Graupen gründlich abspülen und nach Packungsanweisung kochen. Den Brokkoli in kleinere Röschen teilen, waschen und abtropfen lassen. In einer Küchenmaschine mit Pulsfunktion mixen, bis er die Konsistenz von grobem Reis hat. Sie können auch eine Reibe benutzen.

- Zwiebeln und Knoblauch fein hacken. Die Kohlblätter abspülen und trocken tupfen; den Koriander abspülen und trocken schleudern. Den Kohl in feine Streifen schneiden und den Koriander grob hacken.

- Zwiebeln und Knoblauch bei mittlerer Hitze 4–5 Minuten in Öl anbraten, aber nicht braun werden lassen. Die Graupen und ein paar Minuten später den Kohl und den Brokkoli zufügen. Den Kohl leicht zusammenfallen lassen, Kimchi und Tamari zufügen. Evtl. mit etwas Salz abschmecken und das Gericht mit Koriander bestreut servieren.

BROT UND KUCHEN

Brot und Kuchen aus Sauerteig sind nicht nur gesund, sie schmecken auch wunderbar und haben oft mehr Pfiff als normale Hefebackwaren. Wie Sie vielleicht merken werden, sind die Brote in diesem Buch eher von der schweren Sorte, was daran liegt, dass sie einerseits zu anderen Rezepten im Buch passen sollen (zum Beispiel das deutsche Roggenbrot); andererseits habe ich versucht, so viele von den guten pro- und präbiotischen Rohwaren wie möglich mit einzubauen.

Ich habe außerdem bei vielen Rezepten eine Spur Hefe hinzufügt, um das Ergebnis etwas luftiger zu machen – auch weil ein völlig neu gestarteter Sauerteig das Brot nicht immer so richtig aufgehen lässt. Sie können die Hefe jedoch auch weglassen, vor allem auf lange Sicht, wenn Ihr Sauerteig schon etwas Zeit hinter sich hat, dann geht er nämlich ganz von selbst.

Sie finden im Folgenden mehrere Sauerteigrezepte, sowohl einen glutenfreien als auch zwei normale Sauerteige. Es gibt mehrere Arten, einen Sauerteig anzusetzen. Ich habe den glutenfreien gewählt, der meines Erachtens am besten funktioniert, den einfachen mit Gluten und den etwas avancierteren glutenhaltigen in der Version, die ich am liebsten mag (unter anderem inspiriert von Sarah Owens, die das hervorragende Buch *Sourdough* geschrieben hat, das ich wärmstens empfehle).

Auch wenn es keine Wissenschaft ist, einen Sauerteig herzustellen und zu erhalten, macht es doch einen Unterschied, wie Sie ihn beginnen und wie Sie ihn täglich pflegen. Es ist wohl das, was einen normalen guten Sauerteig von einem hervorragenden Sauerteig unterscheidet. Beide funktionieren gut, aber Sie werden eindeutig feststellen können, ob Ihr Sauerteig ein »Ferrari« ist oder ein »Skoda«, und den Unterschied schmecken. Wichtig ist in jedem Fall, dass Sie wie bei all den anderen lebenden Gerichten in diesem Buch daran denken, dass sie eben leben, denn es macht wirklich einen großen Unterschied, ob Sie sie mit Liebe und Umsicht pflegen oder nicht.

Wie bei den übrigen Rezepten in diesem Buch ist es wesentlich, ob ich normales Wasser aus dem Hahn oder gereinigtes Wasser beziehungsweise Quellwasser verwende. Die Letztgenannten ergeben ein wesentlich besseres Resultat, und es ist deutlich, dass mehr Leben im Glas ist, wenn das Wasser ganz rein ist. Es ist kein Muss, aber meine eindeutige Empfehlung ist, auch für den Sauerteig gereinigtes Wasser zu verwenden.

Falls Sie kein Waffeleisen haben, machen Sie den Teig für die Sauerteigwaffeln trotzdem, und backen Sie sie wie Pfannkuchen. Sie werden überrascht sein, wie anders (auf gute Art) sie verglichen mit einem normalen Pfannkuchen schmecken.

Ball
crafted for quality—
sealed for freshness.
Made in USA

EINFACHER SAUERTEIG – GRUNDREZEPT

ZUBEREITUNGSZEIT 5 Minuten GÄRZEIT 3–8 Tage MENGE ca. ½ l

GLUTENFREI:

130 g	Vollkornreismehl
200 ml	lauwarmes Wasser*
1 EL	(kalt geschleuderter) Honig oder Joghurt, gerne Pflanzenmilchjoghurt
	noch etwas lauwarmes Wasser

MIT GLUTEN:

30 g	Roggenmehl
30 g	Weizenmehl Typ 00 oder fein gesiebtes Dinkelmehl – durch Roggen ersetzbar
100 ml	lauwarmes Wasser
1 großer EL	Joghurt, kann weggelassen oder durch Honig ersetzt werden
	noch etwas Roggen- und Dinkelmehl
	noch etwas lauwarmes Wasser
1	Einmachglas, ¾ l, ohne Gummiring

**Das lauwarme Wasser bekommen Sie, indem Sie gekochtes Wasser mit kaltem aus dem Hahn vermischen. Verwenden Sie nie das warme Wasser aus dem Hahn, es enthält zu viele Bakterien. Die Temperatur sollte 38–40 °C betragen.*

Fortsetzung nächste Seite

Sauerteig Grundrezept – Fortsetzung

GLUTENFREIER SAUERTEIG:

- Alle Zutaten im Glas vermischen und den Deckel lose darauflegen, also ohne Gummiring. Jeden Tag den Teig umrühren, nach 3–4 Tagen ist er fertig. Das erkennt man daran, dass er kleine Blasen bildet und schön sauer riecht.

GLUTENHALTIGER SAUERTEIG:

- Die ersten 4 Zutaten im Glas vermischen und den Deckel lose darauflegen, also ohne Gummiring.

- Am 2. Tag 2–3 EL Mehl und dieselbe Menge Wasser zufügen, den Gummiring um den Deckel legen und verschließen. Sie können selbst entscheiden, ob Sie einen feinen oder etwas gröberen Sauerteig machen wollen, je nach Wahl des Mehltyps.

- Die nächsten 3–4 Tage den Sauerteig täglich genauso füttern wie an Tag 2, von nun an nur noch fein gesiebtes Dinkel- oder Weizenmehl verwenden. Der Sauerteig ist fertig, wenn er schön sauer riecht und oben Flüssigkeit bildet. Das dauert 4–8 Tage. Wenn Sie finden, dass er das Glas schon ziemlich füllt, werfen Sie etwas davon weg.

- Für beide Sauerteige gilt: Jedes Mal, wenn man etwas davon nimmt, füttert man ihn mit mindestens derselben Menge. Es ist wichtig, den Sauerteig nicht auszuhungern, und es ist wichtig, mindestens dieselbe Menge neuer Nahrung zuzufügen, wie im Glas übrig ist, nachdem mit einem Teil davon Brot gebacken wurde. Das bedeutet, wenn ca. 100 g Sauerteig übrig ist, 100 g Mehl und 100 g Wasser zufügen. Der Sauerteig muss täglich gefüttert werden, auch wenn Sie ihn nicht täglich verwenden. Zur Pflege des Sauerteigs siehe Seite 145.

- In den folgenden Rezepten mit Gluten wird Hefe zugefügt, weil das Brot so etwas luftiger wird. Man kann sie jedoch auch weglassen, besonders wenn der Sauerteig schon ein paar Monate oder länger angesetzt ist.

WENN SIE ES SICH ZUTRAUEN, KÖNNEN SIE EINEN NOCH AKTIVEREN GLUTENFREIEN SAUERTEIG BEKOMMEN, INDEM SIE IN DEN ERSTEN 3–4 TAGEN BEIM START DES SAUERTEIGS DIE SCHALE VON ¼ APFEL UND EIN IN BREITE STREIFEN GESCHNITTENES ROTKOHLBLATT ZUFÜGEN. DANACH ENTFERNEN SIE SIE. DER SAUERTEIG SCHÄTZT AUCH ETWAS PROTEINHALTIGERES MEHL WIE BEISPIELSWEISE TEFFMEHL. ICH PERSÖNLICH VERWENDE 50/50 VOLLKORNREISMEHL UND TEFFMEHL FÜR MEINEN GLUTENFREIEN SAUERTEIG.

WECK
Rundrand-Glas 100
164

DER AVANCIERTERE SAUERTEIG

ZUBEREITUNGSZEIT 30 Minuten ANZAHL PORTIONEN 2

500 ml	gereinigtes Wasser oder Quellwasser
40 g	(kalt geschleuderter) Honig
110 g	Rohrzucker
125 g	Rosinen
225 g	Weizenmehl Typ 00
	noch etwas gereinigtes Wasser
	noch etwas Weizenmehl Typ 00 oder fein gesiebtes Dinkelmehl
2 große	Einmachgläser à 1 Liter

- 375 ml Wasser mit Honig und Zucker erwärmen, bis alles aufgelöst ist. Es soll nicht kochen, sondern nur bis ca. 50 °C erwärmt werden, sodass alle guten Eigenschaften des Honigs bewahrt bleiben. Die Mischung abkühlen lassen, in eines der Gläser geben und die Rosinen zufügen. Den Deckel mit Gummiring gut verschließen und das Glas 6–7 Tage an einem lauwarmen Ort stehen lassen. Währenddessen ein paarmal am Tag schütteln. Am 3. oder 4. Tag werden sich Blasen in der Flüssigkeit bilden, und wenn Sie den Deckel öffnen, werden Sie sehen, dass im Glas ein gewisser Druck herrscht. Den Gummiring entfernen und den Deckel die folgenden Tage nur locker aufliegen lassen, sodass die Flüssigkeit etwas Luft bekommt.

- Nach einer knappen Woche sind reichlich Blasen im Glas, die an die Oberfläche steigen, und es riecht leicht nach Alkohol.

- Nun 100 g der Flüssigkeit in das andere Einmachglas geben. Den Rest in den Kühlschrank stellen. Sie können ihn als erste Hilfe benutzen, wenn der Sauerteig nicht so lebendig ist, ihn verschenken oder als Süßungsmittel für einen Kuchen verwenden. Er hält sich 3 Monate im Kühlschrank.

- 100 g Mehl in die Flüssigkeit geben und mit einem Holzlöffel gut umrühren. Den Deckel darauflegen und 8–12 Stunden an einen lauwarmen Ort stellen. Jetzt ist reichlich Aktivität im Glas. Die restlichen 125 ml Wasser und 125 g Mehl zufügen und wieder gut umrühren. Weitere 8–12 Stunden mit Deckel lauwarm stehen lassen.

- In den nächsten Tagen muss der Sauerteig gefüttert werden, sodass er schön sauer und backfertig wird. Dabei jeden Tag ca. die Hälfte des Sauerteigs wegwerfen und dieselbe Menge Wasser und Mehl hinzufügen. Wenn Sie also 150 g Teig wegwerfen, fügen Sie 150 ml Wasser und 150 g Mehl hinzu. Es ist am besten, die Menge abzuwiegen, die noch im Glas ist, und im Verhältnis dazu hinzuzufügen, da Sie immer mindestens dieselbe Menge zufügen sollten, wie noch im Glas ist (siehe unten).

- Wie bereits erwähnt, ist es wichtig, den Sauerteig nicht auszuhungern. Lieber zu viel Teig wegwerfen und auffüllen als zu wenig.

- Der Sauerteig ist nach 8–10 Tagen fertig zum Backen und wird mit der Zeit immer besser. Wie unten beschrieben aufbewahren.

SO PFLEGEN SIE IHREN SAUERTEIG – AUCH DEN GLUTENFREIEN

- **Mehl:** Es ist immer wichtig, Mehl von guter Qualität zu verwenden. Glutenhaltiger Sauerteig gelingt am besten, wenn er regelmäßig mit Mehl mit hohem Glutengehalt gefüttert wird (z. B. Typ 00).
- **Wasser und Utensilien:** Verwenden Sie für Ihren Sauerteig am besten gereinigtes Wasser oder Quellwasser, rühren Sie mit einem Holzlöffel, und bewahren Sie den Teig in einem Glas auf, bei dem der Deckel nicht ganz dicht schließt, zum Beispiel einem Einmachglas ohne Gummiring.
- **Fütterung:** Füttern Sie ihn täglich, am besten immer zum selben Zeitpunkt. Werfen Sie mindestens die Hälfte des Teigs weg, oder verwenden Sie ihn zum Backen, es sollten jedoch immer mindestens 4 EL zurückbleiben. Fügen Sie die gleiche Menge an jeweils Wasser und Mehl hinzu, beispielsweise jeweils 100 g. Sie müssen ihn immer mit mehr füttern, als noch im Glas ist. Am besten bei 20–25 °C aufbewahren.
- **Wann der Sauerteig sich am besten zum Backen eignet:** Der Teig ist, ungefähr 7–10 Stunden nachdem er gefüttert worden ist, am aktivsten, wenn Sie also morgens backen wollen, sollte er abends vor dem Schlafengehen gefüttert werden.
- **Wenn Sie ihn vergessen, nicht so oft backen oder in den Urlaub fahren wollen:** Stellen Sie den Sauerteig in den Kühlschrank, wenn Sie ihn nicht jeden Tag pflegen können. Am Tag bevor Sie ihn verwenden wollen, wieder herausnehmen und wie oben beschrieben füttern. Wenn er schon fast nach Aceton zu riechen beginnt, 2 EL abnehmen, ½ EL Mehl Typ 00 zufügen und den Rest wegwerfen. Den nächsten Tag über wie oben beschrieben füttern, aber alle 12 Stunden, und nach ein paar Tagen ist er wieder verwendungsfähig.

SAUERTEIGBAGUETTE

ZUBEREITUNGSZEIT 20 Minuten GEHEN/KNETEN/BACKEN ca. 15 Stunden
ANZAHL 4 Stück

VORTEIG:

2 große EL	Sauerteig, ca. 55 g
100 g	Dinkelmehl
125 ml	lauwarmes Wasser

TEIG:

300 ml	lauwarmes Wasser
1 TL	Trockenhefe
1 EL	Honig oder Ahornsirup
3 EL	natives Olivenöl extra
35 g	Leinsamen
50 g	grobblättrige Haferflocken
100 g	Gerstenmehl
ca. 400 g	fein gesiebtes Dinkelmehl
1½ TL	Salz, gerne Himalajasalz

Fortsetzung nächste Seite

VORTEIG:

- Den Sauerteig mit Mehl und Wasser vermischen und über Nacht zugedeckt an einem lauwarmen Ort stehen lassen. Er sollte 10–12 Stunden stehen. Je nachdem, wie dünn der Sauerteig ist, kann es nötig sein, ein wenig mehr Wasser unterzumischen. Er sollte die Konsistenz eines weichen Breis haben.

TEIG:

- Zuerst Wasser mit Hefe und Honig vermengen und 10 Minuten stehen lassen, sodass die Hefe aktiviert wird. Mit den restlichen Zutaten und dem Vorteig vermischen und gut kneten, am besten 10 Minuten in einer Küchenmaschine oder per Hand. Etwas mehr fein gesiebtes Dinkelmehl dazugeben, wenn der Teig zu klitschig ist. Etwas klitschig darf er ruhig sein, aber auf keinen Fall zu trocken.

- Zugedeckt an einem lauwarmen Ort 3 Stunden gehen lassen, dann stürzen und zu Baguettes formen. Sie können den Teig an diesem Punkt auch im Kühlschrank 1–2 Tage gehen lassen und dann zu Baguettes formen, davon werden sie nur besser. Falls Sie das tun, sollten die Baguettes jedoch vor dem Backen weitere 3–4 Stunden gehen.

- Erneut zugedeckt 1 Stunde an einem lauwarmen Ort auf einem mit Backpapier belegten Backblech gehen lassen, gerne auf dem eingeschalteten Ofen.

- Im vorgeheizten Ofen bei 225 °C ca. 15 Minuten backen. Sie sind fertig, wenn sie hohl klingen, wenn man leicht gegen die Unterseite klopft.

WEGEN DES GERSTEN- UND DINKELMEHLS IST DIESER TEIG RELATIV SCHWER. WENN SIE EINEN LUFTIGEREN TEIG WOLLEN, ERSETZEN SIE EINEN TEIL DES DINKELMEHLS DURCH WEIZENMEHL.

PROBIEREN SIE DAS LAUWARME BAGUETTE DOCH EINMAL SO, WIE DIE FRANZOSEN ES IHREN KINDERN SERVIEREN: MIT ETWAS GEHACKTER SCHOKOLADE DARIN, DIE SCHMILZT – WIE NUTELLA, NUR VIEL LECKERER, BESONDERS WENN SIE EINE GUTE DUNKLE SCHOKOLADE MIT 70 % KAKAO NEHMEN. DIE SCHOKOLADE WIRD DIREKT IN DAS FERTIG GEBACKENE BAGUETTE GEGEBEN, DAS DANN NOCH EINMAL FÜR 1 MINUTE IN DEN OFEN KOMMT, ODER IN BROT VOM VORTAG, DAS SO ZU NEUEM LEBEN ERWACHT.

KLASSISCHES DEUTSCHES ROGGENBROT – PERFEKT FÜR KWAS

ZUBEREITUNGSZEIT 20 Minuten GEHEN/KNETEN/BACKEN ca. 15 Stunden
ANZAHL 1 großes

VORTEIG:

2 große EL	Sauerteig, ca. 55 g
250 ml	lauwarmes Wasser
200 g	Roggenmehl

TEIG:

350 ml	lauwarmes Wasser
2 TL	Trockenhefe
2 TL	Salz, gerne Himalajasalz, ca. 20 g
300 g	Roggenmehl
ca. 350 g	fein gesiebtes Dinkelmehl, evtl. etwas mehr
evtl. 2 TL	zerstoßener Koriander

Fortsetzung nächste Seite

Klassisches deutsches Roggenbrot – perfekt für Kwas – Fortsetzung

VORTEIG:

- Alle Zutaten gut vermengen und zugedeckt an einem lauwarmen Ort ca. 12 Stunden über Nacht stehen lassen.

TEIG:

- Hefe und Wasser vermischen und 10 Minuten stehen lassen, bis die Hefe aktiviert ist.

- Die restlichen Zutaten untermischen, dabei zunächst etwas von dem fein gesiebten Dinkelmehl zurückhalten. Der Teig sollte ein kleines bisschen klebrig sein. Es kann aber auch sein, dass Sie etwas mehr zufügen müssen, je nachdem, welches Mehl Sie benutzen.

- Den Teig 10 Minuten in einer Küchenmaschine oder von Hand gut kneten. 30 Minuten stehen lassen. Zu einem großen runden Brot formen und entweder in einen mit reichlich Mehl ausgestreuten Gärkorb oder in eine große mit einem Küchenhandtuch ausgelegte und ebenfalls mit reichlich Mehl ausgestreute Schüssel legen.

- Den Teig zugedeckt an einem lauwarmen Ort, z.B. auf dem warmen Ofen, 2–3 Stunden gehen lassen, bis er fast die doppelte Größe hat.

- Den Ofen auf Maximaltemperatur ohne Heißluft vorheizen. Eine Fettpfanne auf den Boden stellen und ein mit Backpapier belegtes Backblech in die unterste Schiene schieben. Die Bleche 5 Minuten lang heiß werden lassen.

- Den Teig auf das heiße Blech stürzen, rasch mit einem scharfen Messer einschneiden, ein paar Hundert ml Wasser in die Fettpfanne geben, den Ofen schließen und die Temperatur auf 225 °C senken. Das Brot 15 Minuten backen, die Ofenklappe öffnen, sodass der Dampf austreten kann, wieder schließen und ca. 1 Stunde fertig backen.

- Das Brot ist fertig, wenn es hohl klingt, wenn man leicht dagegenklopft.

GLUTENFREIES SAUERTEIGBROT

ZUBEREITUNGSZEIT 15 Minuten GEHEN/KNETEN/BACKEN ca. 15 Stunden
ANZAHL 1 Stück

VORTEIG:

250 ml	kaltes Wasser
65–70 g	glutenfreier Sauerteig, siehe Seite 141
2 TL	Kokosblütensirup, Ahornsirup oder kalt geschleuderter Honig
125 g	Vollkornreismehl

200 ml	lauwarmes Wasser*
1 TL	Salz, gerne Himalajasalz
15 g	Flohsamenschalen
1¼ EL	Kokosmehl
25 g	Leinsamen
25 g	Sonnenblumenkerne
50 g	Kastanienmehl, kann durch anderes glutenfreies Mehl ersetzt werden
90–100 g	Vollkornreismehl (die Menge hängt davon ab, wie flüssig Ihr Sauerteig ist)

Fortsetzung nächste Seite

VORTEIG:

- Alle Zutaten gut vermischen. Über Nacht zugedeckt an einem lauwarmen Ort stehen lassen, also ca. 8 Stunden. Ich stelle den Vorteig immer die ersten Stunden bei 25–30 °C in den Ofen, und wenn es sich anfühlt, als würde der Ofen zu warm, schalte ich ihn aus.

TEIG:

- Am nächsten Tag den Vorteig mit den übrigen Zutaten vermischen. Ein wenig Mehl zurückhalten, der Teig darf nicht zu trocken werden. In einer Küchenmaschine oder per Hand ca. 15 Minuten gut kneten. Am besten ist es, eine Küchenmaschine mit dem Einsatz zu benutzen, der für Hackfleisch gedacht ist, und nicht mit dem Knethaken. Der fertige Teig ist etwas klebriger als normaler Brotteig, sollte aber mit leichter Hand zu einem Laib geformt werden können.

- Den Teig in einen Gärkorb geben, der gut mit Mehl ausgestreut ist, sodass nichts hängen bleibt, und an einem lauwarmen Ort zugedeckt 2–3 Stunden gehen lassen. Ich verwende dafür den Ofen, den ich auf 25 °C stelle, und lasse das Brot die ersten paar Stunden darin stehen. Nach dem Gehen wird der Teig vorsichtig auf ein mit Backpapier belegtes Backblech gestürzt.

- Den Teig im vorgeheizten Ofen bei 225 °C Heißluft 60–90 Minuten backen. Nach ca. 30 Minuten auf 200 °C herunterdrehen. Das Brot ist fertig, wenn es hohl klingt, wenn man leicht daraufklopft.

**Das lauwarme Wasser erhalten Sie, indem Sie gekochtes Wasser mit kaltem aus dem Hahn vermischen. Verwenden Sie nie das warme Wasser aus dem Hahn, es enthält zu viele Bakterien. Die Temperatur sollte 38–40 °C betragen.*

FÜGEN SIE 1–2 TL MATCHA ODER ZERSTOSSENES KURKUMA HINZU, DAS IST BESONDERS GESUND UND GIBT EINE SCHÖNE FARBE. SIE KÖNNEN AUCH 1–2 EL ROTE-BETE-KRISTALLE ODER EINE HANDVOLL FEIN GERIEBENE ROTE BETE UNTERMISCHEN.

SAUERTEIGFOCACCIA MIT ARTISCHOCKEN UND OLIVEN

ZUBEREITUNGSZEIT 15 Minuten GEHEN/BACKZEIT 2½ Stunden ANZAHL 2 Stück

ca. ¼ Portion	Teig, Seite 147 (Baguetteteig) oder Seite 141 (glutenfrei)
1 kleine	rote Zwiebel, ca. 60 g Schälgewicht
½	gesalzene Zitrone, siehe Seite 115
2 große	Zweige Rosmarin
6–8	Anchovisfilets
6–8 Viertel	Artischockenherzen aus dem Glas oder der Dose
2–3 EL	natives Olivenöl extra
	Salz, gerne Himalajasalz oder Salzflocken

- Den Teig mit eingeölten Händen zu zwei runden Focaccias formen und an mehreren Stellen mit den Fingern eindrücken. Auf einem mit Backpapier belegten Backblech ein paar Stunden gehen lassen.

- Die Zwiebel schälen und in dünne Scheiben schneiden. Die Zitronen ebenfalls in dünne Scheiben schneiden. Den Rosmarin abspülen, trocken schleudern und die Nadeln fein hacken.

- Zwiebeln, Zitrone, Rosmarin, Anchovisfilets, Artischockenherzen und das restliche Olivenöl auf den beiden Focaccias verteilen und mit etwas Salz bestreuen.

- Im vorgeheizten Ofen bei 225 °C Heißluft ca. 10–12 Minuten backen.

DIE BROTE SCHMECKEN LAUWARM AM ALLERBESTEN, LASSEN SICH ABER AUCH GUT AUFWÄRMEN, WENN MAN EINE GRÖSSERE PORTION GEMACHT UND IM KÜHLSCHRANK AUFBEWAHRT HAT.

DIE WAFFELN SCHMECKEN MIT FRISCHEN BEEREN UND AHORNSIRUP GANZ WUNDERBAR. SIE KÖNNEN AUCH LABNEH DAZU ESSEN (SIEHE SEITE 103). AUCH SALZIG SIND SIE HERRLICH, MACHEN SIE LECKERE SANDWICHS ODER TOASTS MIT IHREN LIEBLINGSFÜLLUNGEN ODER -TOPPINGS DARAUS!

SAUERTEIGWAFFELN

ZUBEREITUNGSZEIT 30 Minuten RUHEZEIT 10–12 Stunden ANZAHL PORTIONEN 2–3

VORTEIG:

2½ EL	Sauerteig, ca. 65 g, siehe Seite 141*
100 ml	Joghurt oder Milchkefir, kein griechischer Joghurt, sonst wird der Teig zu dick
1 EL	Honig oder Ahornsirup
75 g	Mehl**

TEIG:

¼	Zucchini, 50 g
2 sehr große	Eier oder 3 kleine
1½ EL	natives Kokos- oder Olivenöl extra
1	unbehandelte Zitrone oder Orange, kann weggelassen werden
25 g	Mehl**
1 Prise	Salz, gerne Himalajasalz

VORTEIG:

- Den Sauerteig mit Joghurt, Honig und Mehl vermischen. Gut verrühren und über Nacht zugedeckt an einem lauwarmen Ort stehen lassen.

TEIG:

- Am nächsten Morgen in kleinere Stücke geschnittene Zucchini, Eier, Öl, fein geriebene Zitrusschale, Mehl und Salz mixen und mit dem Vorteig vermengen.

- Das Waffeleisen vor der ersten Waffel mit etwas Öl bestreichen, hinterher ist das nicht mehr notwendig. Ich empfehle ein Slip-Let-Waffeleisen.

**Sie können die Waffeln auch mit dem glutenfreien Sauerteig machen.*

***Kastanienmehl schmeckt lecker in Waffeln, genauso wie fein gesiebtes Dinkelmehl und Vollkornreismehl. 50/50 Kastanie/Dinkel ist eine gute Mischung.*

CHEESECAKE MIT LABNEH UND SCHOKOLADE

ZUBEREITUNGSZEIT 35 Minuten ABKÜHLZEIT 2 Stunden ANZAHL PORTIONEN 4–6

BODEN:

80 g	Mandeln
150 g	entsteinte Medjoul-Datteln
1	unbehandelte Zitrone
1–2 EL	natives Kokosöl
100 g	dunkle Schokolade, 70 % Kakaogehalt

KÄSEFÜLLUNG:

200 g	Labneh, siehe Seite 103
1 EL	flüssiger Honig oder Ahornsirup
1 kleine	saftige unbehandelte Zitrone
¼ TL	Vanillepulver
250 ml	Sahne, Schlagsahne oder Sojasahne zum Schlagen

ZUM SERVIEREN:

Kokosblütensirup, Dattelsirup, Ahornsirup oder Honig
Himbeeren oder andere Beeren
Zitronenmelisse oder Minze

BODEN:

- Die Mandeln in einer trockenen Pfanne bei schwacher Hitze 5 Minuten rösten, dabei ständig rühren. Zusammen mit den Datteln, der fein geriebenen Zitronenschale und dem Öl in einer Küchenmaschine mixen, bis eine cremige Masse entstanden ist. Das dauert 2–3 Minuten.

- Die Masse in eine runde Springform mit 20 cm Durchmesser drücken und in den Gefrierschrank stellen. Die Schokolade schmelzen und auf dem Boden verteilen. Zurück in den Gefrierschrank stellen.

KÄSEFÜLLUNG:

- Labneh, Honig, fein geriebene Schale und Saft der Zitrone samt Vanillepulver mit einem Rührgerät oder in einer Küchenmaschine luftig schlagen. Die Sahne steif schlagen und unter die Käsemasse heben. Die Masse auf dem kalten Tortenboden verteilen und den Cheesecake in den Kühlschrank stellen.

- Den Kuchen vor dem Servieren mit Sirup oder Honig beträufeln und mit Himbeeren und evtl. Zitronenmelisse bestreuen.

ESSEN ALS MEDIZIN

DIE FUNCTIONAL MEDICINE LIEFERT EINE METHODE, KOMPLEXE CHRONISCHE LIFESTYLEKRANKHEITEN ZU BEHANDELN, INDEM AUF URSACHENBEHANDLUNG VOR BLOSSER SYMPTOMBEHANDLUNG FOKUSSIERT WIRD. DIE METHODE IST IN DEN USA UND INTERNATIONAL STARK IM WACHSTUM BEGRIFFEN UND FINDET IN VIELEN ÄRZTLICHEN KREISEN ANKLANG. MEHRERE MEDIZINISCHE FAKULTÄTEN GLIEDERN FUNKTIONELLE MEDIZIN IN IHR ANGEBOT UND IHRE AUSBILDUNG FÜR MEDIZINSTUDENTEN EIN.

ESSEN ALS MEDIZIN

– EINE EINFÜHRUNG IN DIE *FUNCTIONAL MEDICINE*

Von Fachärztin in Allgemeinmedizin und Heilpraktikerin Anna Iben Hollensberg und Ernährungstherapeutin Charlotte Gylling Mortensen. Beide sind seit 2016 zertifizierte Functional Medicine Practitioners.

FUNCTIONAL MEDICINE IST EINE GANZHEITLICHE BEHANDLUNG

Functional Medicine oder auch funktionelle Medizin ist in erster Linie ein Zugang zur Behandlung von Krankheiten, der sich darauf fokussiert, wie und warum Krankheiten entstehen – indem wir also die *Ursachen* der Krankheit behandeln, stellen wir die Gesundheit des Einzelnen wieder her.

Das klingt eigentlich völlig logisch. Aber leider denkt das traditionelle Gesundheitswesen nicht immer so, und wir werden innerhalb der Medizin- und Gesundheitswissenschaften auch nicht zu diesem Denken ausgebildet. Dort wird viel zu viel Gewicht auf Symptombehandlung durch Medikamente gelegt, anstatt zuerst zu sehen, was der Patient selbst tun kann, um seine Gesundheit durch Änderungen in Ernährung und Lebensstil wiederherzustellen.

Genau wie Teile der konventionellen Medizin ist funktionelle Medizin ein forschungsbasierter Ansatz. Dieses Herangehen gibt Behandelnden und Patienten die Möglichkeit, *gemeinsam* zu versuchen, die zugrunde liegenden Ursachen für Krankheiten und Leiden zu lösen, indem, ausgehend von einer ganzheitlich orientierten Menschensicht, maßgeschneiderte Behandlungen für den einzelnen Patienten gefunden werden. Maßgeschneidert, weil den Ausgangspunkt immer die Krankengeschichte, die Genetik und der Lebensstil des Einzelnen bilden und nicht nur die Diagnosen.

Auf diese Weise kombiniert die *Functional Medicine* traditionelle Heilkunst mit westlichen und neuesten wissenschaftlichen Erkenntnissen. Gleichzeitig schließt die Methode eine östliche, ganzheitlich orientierte Sichtweise des Menschen ein, die Ursachenbehandlung einer alleinigen Symptombehandlung vorzieht. Mit traditioneller Heilkunst ist die medizinische Arbeit aus der Zeit gemeint, in der die Ärzte keine medizinischen Präparate als primäre Methode hatten. Damals hatten Ärzte die Zeit, den einzelnen Patienten und seine spezifische Lebenssituation und Krankengeschichte zu kennen. Die funktionelle Medizin erweitert den Werkzeugkasten des Arztes und stellt im Zeitalter der *Personalized Medicine* eine sinnvolle Option dar.

Dynamiken in Krankheitsverläufen

Das Krankheitsverständnis der *Functional Medicine* basiert auf der *systems biology*, die besagt, dass alle Funktionsgebiete des Körpers wie ein Netzwerk zusammenhängen. Der Körper wird als *eine Matrix* betrachtet, in der sich alles gegenseitig beeinflusst.

Ein Ungleichgewicht im Darmsystem kann zum Beispiel Symptome in der Haut verursachen, eine gestörte Immunabwehr kann Gliederschmerzen mit sich bringen. Das bedeutet also, wenn man ein Ungleichgewicht an einer Stelle ins Lot bringt, beispielsweise eine Entzündung im Darmsystem, kann das positive Auswirkungen auf so unterschiedliche Stellen haben wie die Knochen, die Haut oder das Gehirn, je nach Patient. Das Ziel des Behandelnden ist es, dabei zu helfen, die unterschwelligen funktionellen Ungleichgewichte zu finden und sie zu behandeln anstatt nur die Symptome für sich.

Symptombehandlung bedeutet zum Beispiel, Schmerzmittel oder Immunsuppressiva zu verabreichen, ohne (zu versuchen) den Finger darauf zu legen, *warum* sich der Zustand entwickelt hat. Auf diese Weise kann eine Dysfunktion jahrelang verschleiert oder unsichtbar bleiben, während der Patient heimlich, still und leise immer kränker wird. Viele Nerven-, Gicht- und Darmleiden verschlimmern sich beispielsweise über die Jahre langsam.

Ein weiteres Beispiel ist, jungen Mädchen aufgrund von Menstruationsstörungen die Pille zu geben. Die Pille lässt es so aussehen, als würde der Hormonzyklus funktionieren. Sie bewirkt zwar eine regelmäßige Menstruation, verändert aber nicht die zugrunde liegende Fehlfunktion im hormonellen Gleichgewicht. »Darunter« ist die Störung immer noch da, nur im Verborgenen, und sie kommt wieder zum Vorschein, wenn das Mädchen die Pille absetzt und die Menstruation immer noch unregelmäßig ist oder ganz ausbleibt. Auf diese Art kann die Patientin jahrelang im Verborgenen an einer Hormonstörung leiden, ohne dass es bemerkt wird.

Der Weg der *Functional Medicine* kann bildlich als Baum dargestellt werden. Hat eine Pflanze Veränderungen, Flecken und Krankheiten im Blattwachstum, wird typischerweise zuerst überlegt, was ihr fehlt, und überprüft, ob sie den richtigen Dünger und die richtigen Erdverhältnisse hat. Auf dieselbe Weise kann das innere Milieu auf Zellniveau sich in verschiedenen Beschwerden und Diagnosen im Äußeren niederschlagen. Um Beschwerden wirklich zu behandeln, ist es daher essenziell, in diesem inneren Milieu auf Entdeckungsreise zu gehen und es zu behandeln.

DER FUNCTIONAL-MEDICINE-BAUM

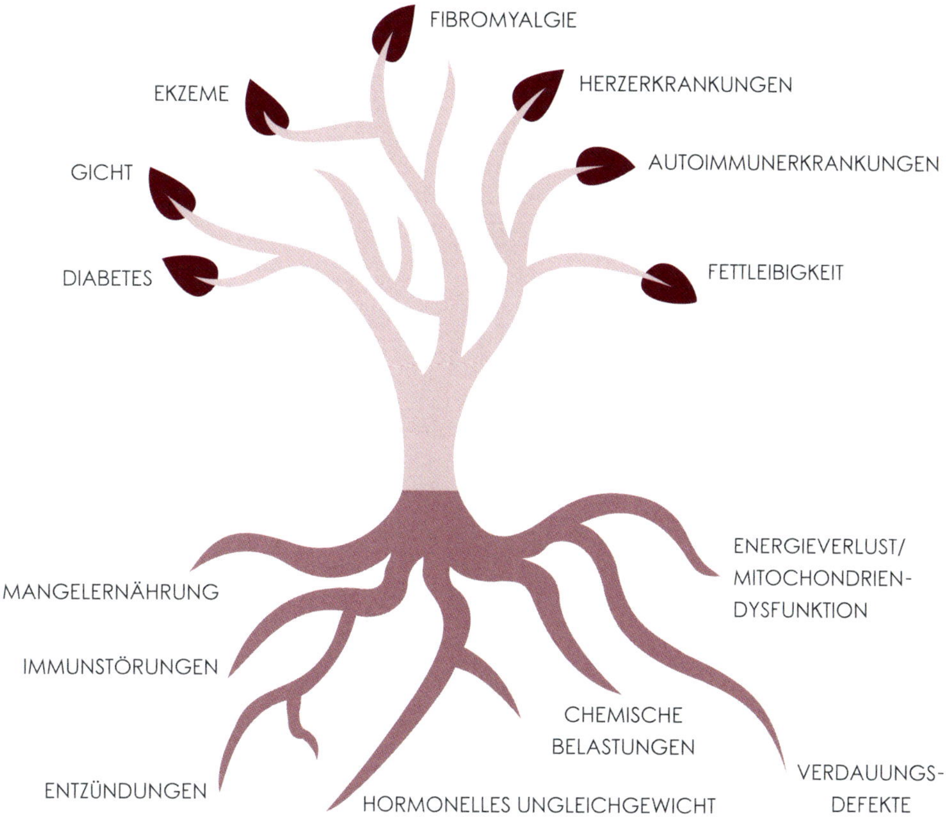

DIE SELBSTREGULIERUNG DES KÖRPERS

Als Funktionelle Medizinerinnen arbeiten wir ausgehend von der Annahme, dass ein normal funktionierender Körper unter den richtigen Bedingungen – also richtige Ernährung, genügend Schlaf, reichlich Bewegung, reifende Beziehungen und nicht zu viel Stress – in der Lage ist, sich selbst zu reparieren.

Wird die Gesamtmenge der Belastungen zu hoch, als dass der Körper das kompensieren oder es schaffen kann, sich selbst zu reparieren, können sich Störungen entwickeln. Und das in solchem Grad, dass so deutliche Symptomkomplexe sichtbar werden, dass sie eine bestimmte Bezeichnung bekommen, die dann zu einer eindeutigen Diagnose wird.

Die Wichtigkeit, die Reaktionen und Zusammenhänge des Körpers zu verstehen, bewirkt, dass viel Gewicht auf die Rolle und den Eigenbeitrag des Patienten gelegt wird. Auf diese Art räumt die *Functional Medicine* auch mit der Tendenz auf, dass wir als Behandelnde keine Forderungen an den Patienten stellen können, seinen Lebensstil zu ändern. Gerade was wir essen, die Menge an Schlaf, die wir bekommen, die Art, wie wir mit Stress und Beziehungen umgehen und wie viel wir uns bewegen, sind das Fundament für unsere

Gesundheit und Bereiche, die wir ziemlich direkt und sofort beeinflussen können. Änderungen des Lebensstils spielen also eine ganz zentrale Rolle in jedem einzelnen Behandlungsplan innerhalb der funktionellen Medizin. Schlaf, Stressbewältigung, Bewegung und nicht zuletzt Ernährung sind die Eckpfeiler des eigenen Einsatzes, um gesund, stark und vital zu sein und zu bleiben.

DIE FÜNF WICHTIGSTEN WIRKUNGSFELDER DES PATIENTEN

Mit das Befriedigendste an der der *Functional Medicine* ist, dass die Behandlung frei von Nebenwirkungen ist. Im Vergleich zu einer normalen medizinischen Behandlung riskiert man nichts, außer vielleicht, dass es dem Patienten besser geht und er darüber hinaus weiteren Lifestylekrankheiten vorbeugt.

Ärzte, die in der Funktionellen Medizin ausgebildet sind, verschreiben natürlich zwischendurch auch pharmakologische und rezeptpflichtige Medikamente, wenn Bedarf besteht. Aber die primäre *Functional-Medicine*-Behandlung besteht darin, die körpereigenen inneren Systeme zur Regeneration, Reparation und optimierten Zellerneuerung zu (re-) aktivieren. Wir Menschen sind im großen Stil von der Natur zur Selbstheilung designed, und diese Wege wollen wir wieder etablieren.

In der *Functional Medicine* wird auch mit dem Glauben aufgeräumt, dass chronische Krankheiten nur oder am besten mit Medikamenten behandelt werden können, genauso wie akute Krankheiten. Denn das können chronische Krankheiten leider selten. Oft hilft eine medikamentöse Behandlung dabei, die schlimmsten Schäden einer chronischen Krankheit abzuwehren, aber heilen tut sie nicht.

Es gibt immer noch Tendenzen, chronische Krankheiten als etwas zu betrachten, das einen aus heiterem Himmel trifft. Aber eine chronische Krankheit ist im Gegenteil oft langwierig in ihrem Aufbau, das heißt, sie hat sich über viele Jahre entwickelt. Deshalb können mit der Zeit oft viele Ungleichgewichte und Schäden in der Physiologie des Körpers aufgetreten sein. Die Verschlimmerung ist vielleicht so langsam vonstattengegangen, dass man sich daran gewöhnt hat, dass großes Unbehagen der »normale« Zustand ist, und vergessen hat, wie sich das normale Wohlbefinden anfühlt.

Ebenso geht es bei der Functional Medicine genauso sehr darum, wie wir ein Leben führen können, das Krankheiten vorbeugt, wie darum, wie wir chronische Krankheiten direkt behandeln können. Das ist in der Realität gar kein so großer Unterschied, da es immer darum geht, dem Körper das beste Fundament für die Gesundheit zu geben.

DIE GESCHICHTE DES *INSTITUTE FOR FUNCTIONAL MEDICINE*

Die Funktionelle Medizin wurde von einer Gruppe von Ärzten in den USA entwickelt, die frustriert über das eingeengte Denken waren, das vielen Krankheitsauffassungen und demzufolge auch der medizinischen Behandlung, die den Patienten angeboten wurde, zugrunde lag und liegt.

DAS *INSTITUTE FOR FUNCTIONAL MEDICINE* (IFM) BILDET SEIT MEHR ALS 20 JAHREN ÄRZTE UND SEIT KÜRZERER ZEIT AUCH ANDERE PROFESSIONELLE THERAPEUTEN (ERNÄHRUNGSTHERAPEUTEN, KLINISCHE PFLEGEEXPERTEN UND ANDERE) IN FUNKTIONELLER MEDIZIN AUS.

Bei der Behandlung akuter Zustände, bei akuten Operationen, Infektionen, Unfällen, Herzstillständen und Geburten sind unsere medizinischen Fertigkeiten exzellent. Aber wenn es um komplexe, chronische Krankheiten geht, passt das klassische medizinische Modell sehr schlecht, weil es eben gerade für die Akutmedizin entwickelt worden ist. Das ist ein Unglück, da chronische Krankheiten wie Autoimmunerkrankungen, Herzerkrankungen, Nervenkrankheiten, Allergien, erhöhter Blutdruck und hormonelles Ungleichgewicht besonders in der westlichen Welt ständig ansteigen.

Die Patienten, die wir in der Klinik sehen, sind oft Patienten, die zuerst zu einer Reihe von Spezialisten gegangen sind, ohne dass der Zusammenhang ihrer verschiedenen Symptome in den Blick genommen wurde. Oder es sind Patienten, die mit gemischten Symptomen kommen und bei denen Standardblutproben und normale Untersuchungen kein deutliches Resultat bringen.

ENDE 2017 HATTEN ÜBER 500 KLINIKER AUS DER GANZEN WELT EINE MODULARE AUSBILDUNG DURCHLAUFEN, DIE ALS ÄRZTLICHE WEITERBILDUNG (CME) ANERKANNT IST, UND KÖNNEN SICH *FUNCTIONAL MEDICINE PRACTITIONERS* NENNEN. MEHR ALS 100.000 KLINIKER HABEN AN DEN KONFERENZEN DES IFM UND AN TEILEN DER AUSBILDUNG TEILGENOMMEN.

WAS ERWARTET DEN PATIENTEN BEI EINER *FUNCTIONAL-MEDICINE*-BEHANDLUNG?

In der funktionellen Medizin haben wir eine Reihe von Werkzeugen, die helfen können herauszufinden, wie der Gesundheitszustand des Einzelnen ist. Keine zwei Patienten sind gleich. Wir haben alle unsere eigene Krankengeschichte, Genetik, Ernährungsweise, Belastung durch Umweltgifte und Symptome.

Zeitstrang

Der Zeitstrang zeigt uns die Krankengeschichte und ist ein Werkzeug, auf die wir Funktionellen Mediziner zusammen mit dem Patienten viel Gewicht legen. Wir beginnen immer mit den derzeitigen Symptomen und den auslösenden Ereignissen. Wir sehen uns Geburt, Kindheit und Ernährung sowie Krankheitsmuster in der Familie an.

Ergänzende und reinigende Blutproben und Tests verwenden wir ebenfalls, sowohl zur Klärung von Zuständen als auch, um die Auswirkungen der Behandlung zu verfolgen.

Ursachenbehandlung

In der *Functional Medicine* sehen wir uns sieben fundamentale Systeme im Körper an, die in allen Geweben und Zellen eine Rolle spielen. So nehmen wir unter anderem die Immunfunktion, die Verdauungsfunktion, das Nervensystem, die Gewebefunktion und die hormonelle Funktion in den Blick, aber auch die psychischen Aspekte des Menschen. Das Ziel ist zu identifizieren, wo die klinischen Ungleichgewichte gerade dieser einzelnen Person liegen. Ein Gichtproblem, eine Lungenkrankheit oder ein Ekzem ist nicht nur ein Leiden im einzelnen Organ beziehungsweise System, sondern beeinflusst den ganzen Körper. Und die Ursache für die Beschwerden kann an einer ganz anderen Stelle liegen als dort, wo man das Symptom am stärksten bemerkt. Daher besteht der Einsatz oft darin, mehrere Funktionsgebiete mit einzubeziehen, um eine so effektive Behandlung wie möglich durchführen zu können.

Das 5R-Programm

Oft ist es ein guter Ansatz, die Darmfunktion zu normalisieren und zu optimieren, was mithilfe des *5R-Program* (*remove, replace, reinoculate, repair* und *rebalance*) der funktionellen Medizin bewerkstelligt werden kann.

Im 5R-Programm betrachten wir folgende Punkte:

- Was muss im Darm entfernt werden *(remove)*? Beispielsweise Überwachstum von Pilzen, Parasiten oder krankheitserregende Bakterien? Es können auch störende Stoffe in Nahrungsmitteln sein wie zum Beispiel Gluten und Milch oder andere allergene Lebensmittel.
- Woran besteht ein größerer Bedarf *(replace)*? Das können zum Beispiel pflanzliche Nährstoffe, Präbiotika zur Regulierung der Mikrobiota oder Verdauungsenzyme sein.
- Sollte der Darm mit gesundheitsfördernden Bakterien »geimpft« werden *(reinoculate)*? Diese können die Form von *lebendem* fermentierten Essen oder probiotischen Nahrungsergänzungsmitteln haben.

- Muss dabei geholfen werden, die Darmschleimhaut zu reparieren, weil es Anzeichen für Schleimhautschäden gibt, die eine erhöhte Darmpermeabilität beziehungsweise ein *Leaky-Gut*-Syndrom zur Folge haben können *(repair)*?
- Besteht vielleicht der Bedarf, etwas an Stress oder Schlaf zu ändern, damit die neuen Ansätze wirken können *(rebalance)*?

Wenn wir zielgerichtet Funktionen im Darm verändern, sehen wir, dass dies eine große Auswirkung auf die Gesundheit im Allgemeinen haben kann. Symptome, die nicht unmittelbar mit dem Darm in Verbindung gebracht werden konnten, verringern sich oder verschwinden ganz.

Ein Fallbeispiel
Ein Beispiel für einen typischen Fall aus der Klinik, bei dem klar wurde, dass die Mikrobiota große Bedeutung hat, ist der Folgende:

Ein 46-jähriger Mann wendet sich aufgrund von Hustenreiz und Schleimbildung in den letzten Jahren an die Klinik. Asthmamedikamente wirken nicht, und er will sie auch nicht nehmen. Er fühlt sich »alt«, wird viel öfter krank als früher – »ich ziehe alles an«. Er bekommt auf einmal Rötungen an Gesicht und Ohren sowie Kopfschmerzen, wenn er Rotwein trinkt. Zeitweise starkes Jucken im Analbereich. Generell schläft er schlechter, wacht drei- bis fünfmal pro Nacht auf, ist unruhig.

Er hat häufig das Gefühl einer Halsentzündung, die jedoch nie richtig ausbricht, aber auch nie richtig weggeht. Dazu eine Tendenz zu aufgeblähtem Bauch, beginnender steigender Blutdruck, beim Arzt war darüber gesprochen worden, Medikamente dagegen zu nehmen. Darüber hinaus Schuppenflechte in leichtem bis moderatem Grad seit den frühen Zwanzigern und seit dem Erwachsenenalter Tendenz zu Migräneanfällen. In den letzten Jahren breitete sich die Schuppenflechte markant auf Brust, Haaransatz und Gesicht aus und ist ihm nun aufgrund der Sichtbarkeit und des Juckreizes täglich peinlich. Müdigkeit, Aufgeblähtheit und Rülpsen nach den Mahlzeiten, besonders dem Abendessen, kommen hinzu.

Er meint nicht, dass er wirkliche Verdauungsbeschwerden wie Verstopfung oder Durchfall hat. Aber auf Nachfrage hat er recht wechselnde Farben und ab und zu unverdaute Reste im Stuhl bemerkt. Beim Durchgehen seiner Geschichte gab es einen Einschnitt mit Verschlimmerung seines generellen Zustandes nach einer Reise nach Asien vor acht Jahren, wo er schweren Durchfall bekommen hatte, der nach zwei Runden unterschiedlicher Antibiotika verschwand. Noch mehrere Monate danach war der Magen gestört, und im selben Winter bekam er zwei Lungenentzündungen hintereinander – die ebenfalls mit Antibiotika behandelt wurden.

Kost: ganz normales westeuropäisches Essen mit Gewicht auf Gemüse und viel Brot, aber Vollkorn. Nicht viele Süßigkeiten oder Softdrinks.

Aussehen: Geprägt von der Schuppenflechte an genannten Stellen, Gewicht +8 kg, rotwangig, Zungenbelag, leicht rot gesprenkelte Augen. Bauch etwas aufgebläht und diffus empfindlich, aber nichts Spezifisches. Blutdruck leicht erhöht.

Viele der Symptome weisen auf Probleme in der Verdauung hin.

Es wurde folgende Therapie begonnen: Entlastende Kost die ersten vier Wochen mit 90 Prozent Gemüse und 10 Prozent Fleisch/Fisch/Ei und viel Wasser. Gute, reine Fette. Getreideprodukte: täglich eine Scheibe Roggenbrot. Keine Milchprodukte irgendwelcher Art und keinerlei Softdrinks, Zucker und Süßungsmittel.

Die Mahlzeiten wurden auf Frühstück, Vormittagsessen vor 11 Uhr, Mittagessen und Abendessen spätestens um 18 Uhr festgelegt. Kein Essen zwischen 18 Uhr und 7 Uhr morgens.

Nahrungsergänzungsmittel in Form von Multivitamin, Fischöl, Zink und Vitamin D. Im ersten Monat auch Vitamin C und Multi-B sowie verschiedene Präparate zur Stärkung der Darmschleimhaut. Starke und ausbalancierte Probiotika mit Laktobazillen und Bifidobakterien, dazu fermentiertes Essen und enzymverbessernde Ergänzungsmittel zur Verdauung.

Nach einem Monat: Besserer Schlaf, analer Juckreiz nicht mehr vorhanden. Seit Beginn keine Migräne. 3 Kilo Gewichtsverlust. Blutdruck auf Normalniveau. Müdigkeit um 50 Prozent verbessert. Keine Infektionstendenz. Magen-Darm funktioniert regelmäßig. Husten, Schleim und Tendenz zu Asthma völlig verschwunden. Haut unverändert.

Nach zwei Monaten: Allgemein viel besseres Wohlbefinden. Überhaupt keine Aufgeblähtheit oder Müdigkeit mehr nach Mahlzeiten. Hat nun begonnen, wieder ein bisschen zu laufen, bekommt gut Luft. Hautjucken um ein Drittel reduziert und Haaransatzekzem sehr viel weniger geworden.

Nach sechs Monaten: Hatte keine irgendwie gearteten Infektionen und kein Anzeichen von Asthma seit Therapiebeginn. Hat jetzt mehr Energie als seine gleichaltrigen Kollegen und kann regelmäßig Sport machen, ohne völlig ausgepowert zu sein. Schuppenflechte deutlich verringert, nur noch wie früher an Ellbogen und Knien vorhanden. Kann wieder ohne Reaktionen wie Rötungen und Kopfschmerzen Rotwein trinken. Hat inzwischen Milchprodukte wieder eingeführt, aber sofort mit Durchfall und juckender Haut reagiert, sodass er sich nun ganz davon fernhält.

Schlussfolgerung: Wir sehen in der Klinik oft, dass eine direkte Verbindung zwischen der Verdauungsfunktion, der Mikrobiota und der Haut besteht. Selbst wenn Patienten nicht wegen ihres Hautleidens kommen oder direkt dagegen behandelt werden, sehen wir ziemlich oft, dass, sobald die Verdauung beziehungsweise die Mikrobiota korrigiert wird, auch eine deutliche Verbesserung der Hautbeschwerden stattfindet.

Falls schlechte Enzym- und Spaltungsverhältnisse bestehen, bringt das häufig Beschwerden wie Rülpsen, deutliche Müdigkeit nach Mahlzeiten, Aufgeblähtheit, wechselnde Verdauung sowie analen Juckreiz mit sich.

Schleimbildung hängt, wie wir in der Klinik sehen, oft mit Kuhmilchproteinen zusammen – und kann ganz einfach ausprobiert werden, indem alle Milchprodukte drei bis vier Wochen lang weggelassen werden.

Eine Stuhlprobe wird in Fällen wie dem dieses Patienten typischerweise geringe Verdauungsfähigkeit und Proteinspaltung, sehr wenige Laktobazillus-Arten und Bifidobakterien sowie nicht selten unerwünschte Bakterientypen in zu großen Mengen zeigen

CHRONISCHE LEIDEN STEIGEN INFOLGE DER VERBREITUNG DES WESTLICHEN LEBENSSTILS AUF DER GANZEN WELT BEI STEIGENDEM LEBENSALTER AN. DAS SCHAFFT EINEN ERHÖHTEN BEDARF AN NEUEN BEHANDLUNGSWEGEN WIE BEISPIELSWEISE DEM *FUNCTIONAL-MEDICINE*-ANSATZ.

Partnerschaftliches Miteinander

Ein letztes wichtiges Prinzip in der *Functional Medicine* ist das aktive partnerschaftliche Miteinander des Behandelnden und des Patienten. Das macht sehr viel Sinn, denn es ist der Patient, der Experte für seinen eigenen Körpers ist und das beste Gefühl dafür hat, was eigentlich los ist. Was wir tun können, ist, dies mit fachlichem Wissen zu ergänzen. Das verhilft unter anderem zur Selbsterkenntnis, und dort beginnt die eigentliche Behandlung. Außerdem ist der Patient derjenige, der die harte Arbeit machen muss, sich also täglich nach den abgesprochenen Änderungen des Lebensstils zu richten. Es ist daher wichtig, dass der Patient sich den Behandlungsplan wirklich zu eigen macht. Wir erleben wieder und wieder, dass die Patienten erleichtert sind, dass sich endlich jemand Zeit nimmt, sich wirklich ihre *ganze* Krankengeschichte anzuhören, und dass sie selbst mit vielen aktiven Möglichkeiten zum Handeln aufgefordert werden.

DAS IFM ERFÄHRT JAHR FÜR JAHR STEIGENDE POPULARITÄT, WAS DAHER RÜHRT, DASS BEI DER *FUNCTIONAL MEDICINE* ZUR BEHANDLUNG CHRONISCHER KRANKHEITEN PATIENTEN, ÄRZTE UND ANDERE FACHKUNDIGE ZUSAMMENARBEITEN UND GEMEINSAM LÖSUNGEN SUCHEN. DIE RESULTATE WERDEN MIT GUTER COMPLIANCE ERZIELT, ALSO MIT DER FÄHIGKEIT UND DEM WILLEN DES PATIENTEN, DER BEHANDLUNG ZU FOLGEN.

DIE GROSSE BEDEUTUNG DER ERNÄHRUNG IN DER *FUNCTIONAL MEDICINE*

In der funktionellen Medizin spielt das Essen eine ganz zentrale Rolle in jedem Behandlungsplan. Essen ist eine entscheidende biochemische Beeinflussung unserer Zellen und auf diese Weise unsere tägliche Medizin. Wir können unsere Gene nicht verändern, aber wir können durch das Essen, das wir zu uns nehmen, das biochemische Milieu innerhalb und außerhalb unserer Zellen beeinflussen.

Wir alle wissen, dass das Essen uns über die Kalorien Energie sowie lebenswichtige Vitamine und Mineralstoffe für unsere Zellen gibt. Vielleicht haben wir jedoch noch nicht auf der tiefer liegenden Ebene verstanden, wie essenziell das Essen für alle Prozesse im Körper ist – dafür, dass wir uns gut regenerieren, unsere Körperkräfte und unser Gewebe stark halten. Jede einzelne neue Zelle, die rund um die Uhr im Körper gebildet wird, erfordert hochwertige Baumaterialien.

Im Folgenden haben wir einige der Dinge zusammengestellt, die das Essen erwiesenermaßen auch kann.

Essen ist Information für unsere Zellen und Genetik
Alles, was wir essen, beeinflusst mit, welche Gene aktiviert oder gehemmt werden, zum Beispiel ob entzündungsaktivierende oder entzündungshemmende Gene stimuliert werden. Inzwischen gibt es eine Reihe von Studien, die zeigen, wie pflanzliche Nährstoffe aus dem Essen, das wir zu uns nehmen, direkt dieselben entzündlichen Systeme im Körper hemmen können, die man mit Medikamenten zu hemmen versucht.[155] Fischöle, Kurkuma und Ingwer sind Beispiele dafür.

Eine interessante kleine Studie, die sich damit beschäftigt hat, wie Essen Entzündungen aktivieren kann, zeigt, was nach einer Fast-Food-Mahlzeit mit einer Reihe von Entzündungsmarkern im Blut passiert.[159]

Das, was wir essen, beeinflusst das hormonelle Milieu im Körper
Wenn wir hochglykämische Nahrung essen, also eine Kost voller raffinierter Lebensmittel und arm an pflanzlicher Nahrung, treten im Blut starke Blutzucker- und hormonelle Insulinschwankungen auf. Eine niedrigglykämische Kost mit guten Proteinen – aber auch Fettquellen und besonders Ballaststoffen – wird dagegen einen über den Tag stabilen Blutzucker schaffen und den Insulinbedarf senken, sodass man weniger Insulin braucht.[160, 161]

Wir wissen, dass ein solches stabiles hormonelles Milieu niedrig-entzündlich ist, also nicht die schädlichen Irritationsreaktionen schafft, die unser Bindegewebe, unsere Blutzellen und unser Gehirn altern lassen. Die Folge ist ein geringeres Risiko für die Entwicklung chronischer Krankheiten wie Herz-Kreislauf-Erkrankungen, Verkalkung und Krebs. Auf einer anderen Ebene kann Gemüse wie Brokkoli und Grünkohl (Kreuzblütengewächse beziehungsweise Kohlfamilie) beeinflussen, wie Östrogene im Körper umgewandelt werden, und die Bildung von krebserregenden Östrogenreststoffen verringern.[162]

Essen beeinflusst die Mikrobiota
Die Mikrobiota ist die biologische Gemeinschaft von Mikroorganismen im Darmsystem. Wie in diesem Buch bereits geschildert wurde, beeinflusst die Nahrung, die wir essen, die Mikrobiota bereits wenige Tage nach einer größeren Veränderung in der Ernährung.[27] Die Mikrobiota von Fleisch- und die von Pflanzenessern unterscheidet sich erheblich.

Essen kann uns krank machen
Nahrungsmittel können in einigen Fällen der direkte Trigger und die Ursache für Krankheiten sein. Das deutlichste Beispiel dafür ist Gluten bei Zöliakie, bei der der Patient gesund werden kann, indem er kein Gluten isst – also auf Roggen, Weizen und Gerste verzichtet. Doch auch andere Autoimmunerkrankungen zeigen oft Besserung, wenn der Immuntrigger Gluten vermieden wird.[154] Es gibt jedoch noch viele andere störende Stoffe, auf die das Immunsystem mancher Menschen reagiert oder die sie aus anderen Gründen nicht verdauen können und die sie krank machen oder Symptome auslösen. Milchproduk-

te schaffen bei denen, die keine Laktase zur Spaltung das Milchzuckers haben, Durchfall, Blähungen und Bauchschmerzen.

Was sollten Sie essen?
Es gibt viele gute Gründe dafür, einmal mehr einen Blick auf den Teller zu werfen und im Verhältnis zu dem, was in den Mund kommt, seinen gesunden Menschenverstand zu benutzen. Gesunder Menschenverstand bedeutet zum Beispiel, Dinge zu essen, die Ihre Zellen wiedererkennen, also natürliche, unverarbeitete Nahrungsmittel anstelle von raffiniertem oder verarbeitetem, nährstoffarmem Essen. Darüber hinaus geht es darum, abwechslungsreich und ballaststoffreich zu essen sowie sehr viel pflanzliche Nahrung zu sich zu nehmen. Auf diese Weise fördern Sie eine gesunde Mikrobiota.

Eine gute Daumenregel, um den Blutzucker stabil zu halten, ist, diszipliniert zu essen, also nur zu den Mahlzeiten, drei- oder viermal täglich. Es hilft auch, jede Nacht zu fasten, also dafür zu sorgen, dass mindestens 12 Stunden am Tag Essenspause herrscht, vom Abendessen bis zum Frühstück. Ein stabiler Blutzucker wird auch unterstützt, wenn man zu jeder Mahlzeit etwas Protein wie Fleisch oder Hülsenfrüchte, Ballaststoffe und/oder Fett isst. Wenn die Finanzlage es zulässt, sollte man ökologische Produkte bevorzugen und so schädliche Pestizidreste und generell andere Zusatzstoffe vermeiden. Trinken Sie primär nur reines Wasser, das ist alles, was Ihre Zellen brauchen.

Es ist auch nicht verkehrt, einige der Nahrungsmittel zu essen, von denen man weiß, dass sie etwas Besonderes können, wie Kokosöl, Knochenbrühe, Kurkuma und Präbiotika.

WAS SOLLTEN SIE ESSEN?

- VIEL PFLANZLICHE NAHRUNG IN ALLEN FARBEN DES REGENBOGENS.
- GANZES, UNVERARBEITETES ESSEN, DAS IHRE ZELLEN UND IHRE URGROSSMUTTER WIEDERERKENNEN WÜRDEN.
- GEMISCHTE MAHLZEITEN, ALSO NICHT NUR GEMÜSE, NICHT NUR FLEISCH, NICHT NUR FETT.
- BIODYNAMISCHES, ÖKOLOGISCHES ODER SELBSTGEZOGENES – SAUBERE ROHWAHREN.
- RICHTIGE HAUPTMAHLZEITEN, VERMEIDEN SIE KLEINE SNACKS ZWISCHEN DEN MAHLZEITEN.
- JEDE NACHT ZWÖLF BIS DREIZEHN STUNDEN LANG NICHTS.

Wenn Sie sich nach diesen Prinzipien ernähren, können Sie normalerweise einem 80/20-Konzept folgen. Das bedeutet: Wenn Sie Ihren Körper 80–90 Prozent der Zeit mit guten Dingen versorgen, können Sie 10–20 Prozent der Zeit nach Lust und Laune essen. Stressen Sie sich nicht – genießen Sie das Essen, während Sie Ihren Zellen und Ihren Mikroorganismen zu Vitalität und Wohlbefinden verhelfen.

Wenn Sie mehr über *Functional Medicine* wissen wollen, schauen Sie doch einfach einmal auf die Homepage des IFM, des *Institute for Functional Medicine: https://www.ifm.org*

ÜBER DIE AUTORINNEN

SANDRA PUGLIESE

ist autodidaktische Köchin und Kochbuchautorin. Sie hat zahlreiche Kochbücher herausgegeben, bei denen der Fokus immer auf Geschmack, Sinnlichkeit und Gesundheit liegt. Sandra hat sich viele Jahre lang mit Essen als Medizin beschäftigt, und ihr ganzheitlicher Zugang zu Essen und Gesundheit bildet die Basis für die Rezepte dieses Buches. Sie kuriert eine Halsentzündung lieber mit Thymian, Ingwer und kalt geschleudertem Honig als mit einem Medikament vom Arzt, und sie brennt dafür, ihren Lesern zu zeigen, welche kleinen Wunder die richtigen Zutaten für Körper und Geist bewirken können.

ANNA IBEN HOLLENSBERG

ist Fachärztin für Allgemeinmedizin und ausgebildete Heilpraktikerin in Deutscher Naturheilkunde. Sie hat Weiterbildungen in komplementärer und holistischer Medizin vor allem in der Schweiz, Deutschland und den USA absolviert und ist seit 2016 als erste dänische Ärztin zertifiziert als *Functional Medicine Clinical Practitioner*.

Sie ist ehemalige praktizierende Ärztin und betreibt eine integrierende medizinische Privatklinik in Silkeborg mit Ärzten, Krankenpflegern und Ernährungsexperten, deren Schwerpunkte auf orthomolekularer und Funktioneller Medizin liegen. Darüber hinaus ist sie Fachverantwortliche in der Heilpraktikerschule, Fachlehrerin und eine gefragte Vortragsrednerin.

CHARLOTTE GYLLING MORTENSEN

hat einen Universitätsabschluss in klinischer Ernährungslehre und ist Ernährungstherapeutin. 2016 wurde sie als erste Ernährungswissenschaftlerin als *Functional Medicine Clinical Practitioner* zertifiziert und arbeitet in der Ärztepraxis im Institut für Orthomolekulare Medizin (IOM) in Lyngby.

Ihr Interesse für Ernährung begann, als sie in den 1990er-Jahren für das UN-Welternährungsprogramm in Ägypten arbeitete. Sie hat außerdem einen Master of Science in Journalistik von der Universität of Wisconsin, USA.

FOTOGRAF:
THOMAS HERGAARD

ist seit 1990 Food-Fotograf. Ausgebildet wurde er bei Jes Buusmann, dem ersten Food-Fotografen in Dänemark. Kreative Fotos von Essen und Menschen mit formschaffendem Licht sind die Triebkraft in Thomas' Arbeit. Seit 2002 hat er ein Studio in der Kronprinsessegade in Kopenhagen, in dem wunderbare Bilder für Kochbücher, Magazine, Werbeagenturen und größere Unternehmen in Dänemark und Schweden entstehen.

QUELLEN

1. Prajapati & Nair. »The history of fermented foods«. S. 1–24. In: Edward Farnworth. Handbook of Fermented Functional Foods (2. Aufl.), Taylor and Francis Group, Boca Raton, Florida, USA, 2008.

2. Shi Jing. Die konfuzianischen Schriften – Das Buch der Lieder, zweites Buch der Fünf Klassiker.

3. Kearney et al. »Challenges associated with the development of probiotic-containing functional foods«. S. 25–69. In: Edward Farnworth. Handbook of Fermented Functional Foods (2. Aufl.), Taylor and Francis Group, Boca Raton, Florida, USA, 2008.

4. Metchnikoff E. Prolongation of Life: optimistic studies. Springer Publishing Company, NY, USA, 2010 (ursprünglich erschienen 1907).

5. Tannock, GW. Understanding the Gut Microbiota. John Wiley & Sons Inc. Hoboken, New Jersey, USA, 2017.

6. Siezen & Wilson. »Probiotics genomics«. In: Microb Biotechnol. 2010;3:1-9.

7. Salyers. »Abigail Salyers – Professor of Microbiology at the University of Illinois«. Interviewed by Pam Das. In: Lancet Infect. Dis. 2003;3:516–9.

8. Curtis M. »An introduction to microbial dysbiosis«. S. 37–54. In: Nibali and Henderson. The human microbiota and chronic disease. Dysbiosis as a cause of human pathology. John Wiley & Sons, Hoboken, NJ, USA. 2016.

9. American gut. Preliminary characterization of the American gut population. http://americangut.org/wp-content/uploads/2016/02/mod1_main.pdf.

10. Jandhyala et al. »Role of the normal gut microbiota«. In: World J Gastroenterol. 2015; 21: 8787-8803.

11. Blottiere & Doré. »The gut microbiota: an integrated interactive system«. S. 55–66. In: Nibali & Henderson. The human microbiota and chronic disease. Dysbiosis as a cause of human pathology. John Wiley & Sons, Hoboken, NJ, USA. 2016.

12. Schnorr et al. »Gut microbiome of the Hadza hunter-gatherers«. In: Nat Commun. 2014;5:3654.

13. De Filippo et al. »Impact of diet in shaping gut microbiota revealed by a comparative study in children from Europe and rural Africa«. In: Proc Natl Acad Sci USA 2010;107:14691-6.

14. Segata N. »Gut Microbiome: Westernization and the Disappearance of Intestinal Diversity«. In: Curr Biol. 2015;25:R611–3.

15. Huang et al. »Metabolomic analyses of faeces reveals malabsorption in cirrhotic patients«. In: Dig Liver Dis. 2013 Aug;45(8):677–82.

16. Carmody & Turnbaugh. »Host-microbial interactions in the metabolism of therapeutic and diet-derived xenobiotics«. In: J Clin Invest. 2014;124:4173-81.

17. Turroni et al. »Fecal metabolome of the Hadza hunter-gatherers: a host-microbiome integrative view«. In: Sci Rep. 2016;6:32826.

18. Chatelier E. »Richness of human gut microbiome correlates with metabolic markers«. In: Nature 2013;500:541-546.

19. Mulder et al. »Restricting microbial exposure in early life negates the immune benefits associated with gut colonization in environments of high microbial diversity«. In: PLoS One 2011; 6:e28279.

20. Sommer et al. »The resilience of the intestinal microbiota influences health and disease«. In: Nature reviews microbiology 2017;15:630–38.

21. Lozupone et al. »Diversity, stability and resilience of the human gut microbiota«. In: Nature 2012 Sep 13; 489(7415): 220-30.

22. The Human Microbiome Project Consortium. »Structure, Function and Diversity of the Healthy Human Microbiome«. In: Nature 2012; 486: 207-14.

23. Zhang et al. »Interactions between gut microbiota, host genetics and diet relevant to development of metabolic syndromes in mice«. In: ISME J. 2010 Feb;4(2):232-41.

24. Suez et al. »Artificial sweeteners induce glucose intolerance by altering the gut microbiota«. In: Nature. 2014;514:181-6.

25. Lai et al. »Bisphenol A alters gut microbiome: Comparative metagenomics analysis«. In: Environ Pollut. 2016 Nov;218:923-30.

26. Nielsen et al. »Glyphosate has limited short term effects on commensal bacterial community composition in the gut environment due to sufficient aromatic amino acid levels«. In: Environ Pollut. 2017;233:364-76.

27. David et al. »Diet rapidly and reproducibly alters the human gut microbiome«. In: Nature. 2014;505:559-63.

28. Zaura et al. »Same Exposure but Two Radically Different Responses to Antibiotics: Resilience of the Salivary Microbiome versus Long-Term Microbial Shifts in Feces«. In: M Bio. 2015;6:e01693-15.

29. Cox et al. »Altering the intestinal microbiota duringa critical developmental window has lasting metabolic consequences«. In: Cell. 2014;158:705-21.

30. Mäkivuokko et al. »The effect of age and non-steroidal anti-inflammatory drugs on human intestinal microbiota composition«. In: Br J Nutr. 2010 Jan;103(2):227-34.

31. Zwielehner et al. »Changes in Human Fecal Microbiota Due to Chemotherapy Analyzed by TaqMan-PCR, 454 Sequencing and PCR-DGGE Fingerprinting«. In: PLoS One 2011;6: e28654.

32. Fujimori S. »What are the effects of proton pump inhibitors on the small intestine?«. In: World J Gastroenterol. 2015;21: 6817-19.

33. Blaser M. Missing microbes. How the Overuse of Antibiotics Is Fueling Our Modern Plagues. Picador, NY, USA, 2014.

34. Hornef M. »Pathogens, Commensal Symbionts, and Pathobionts: Discovery and Functional Effects on the Host«. In: ILAR J. 2015;56:159-62.

35. Lilly & Stillwell. »Probiotics: Growth-promoting factors produced by microorganisms«. In: Science 1965;147:747-8.

36. FAO & WHO. Health and nutritional properties of probiotics in food including powder milk with live lactic acid bacteria. 2001. World Health Organization.

37. Hill et al. »Expert consensus document. The International Scientific Association for Probiotics and Prebiotics consensus statement on the scope and appropriate use of the term probiotic«. In: Nat Rev Gastroenterol Hepatol. 2014;11:506-14.

38. Sanders ME. »How do we know when something called ›probiotic‹ is really a probiotic. A guideline for consumer and health care professionals«. In: Functional Food Reviews 2009;1:3-12.

39. Adams, CA. »The probiotic paradox: live and dead cells are biological response modifiers«. In: Nutr Res Rev. 2010;23:37-46.

40. Walter J. »Ecological Role of Lactobacilli in the Gastrointestinal Tract: Implications for Fundamental and Biomedical Research«. In: Appl Environ Microbiol. 2008;74:4985-4996.

41. Hidalgo-cantabrana. »Bifidobacteria and their health-promoting effects«. In: Review. Microbiol Spectr. 2017;5 (3).

42. Olmstead et al. Making sense of probiotics. Technical summary. Klaire Labs, a Prothera, Inc. brand. Protherainc.com.

43. Markowiak & Śliżewska. »Effects of Probiotics, Prebiotics, and Synbiotics on Human Health«. In: Nutrients. 2017;9 (9).

44. Brodmann et al. »Safety of Novel Microbes for Human Consumption: Practical Examples of Assessment in the European Union«. In: Front Microbiol. 2017;8:1725.

45. El Hage et al. »Emerging Trends in ‚Smart Probiotics': Functional Consideration for the Development of Novel Health and Industrial Applications«. In: Front Microbiol. 2017;8:1889.

46. Bland J. »Intestinal Microbiome, Akkermansia muciniphila, and Medical Nutrition Therapy«. In: Integr Med (Encinitas). 2016;15:14-16.

47. Li et al. »Akkermansia Muciniphila Protects Against Atherosclerosis by Preventing Metabolic Endotoxemia-Induced Inflammation in Apoe–/– Mice«. In: Circulation 2016;133:2434-46.

48. Dao et al. »Akkermansia muciniphila and improved metabolic health during a dietary intervention in obesity: relationship with gut microbiome richness and ecology«. In: Gut 2016;65:426-36.

49. Moayyedi et al. »Fecal microbiota transplantation induces remission in patients with active ulcerative colitis in a randomized controlled trial«. In: Gastroenterology 2015;149:102-09.

50. Go'morgen Danmark, 10. Nov 2017. http://nyheder.tv2.dk/samfund/2017-11-11-25-aarigdanskers-affoering-er-saa-sund-at-den-kan-aendre-syges-liv.

51. Butel & Waligora-Dupriet. »Probiotics and prebiotics: what are they and what can they do for us?«. In: Nibali and Henderson (eds.). The human microbiota and chronic disease. Dysbiosis as a cause of human pathology. John Wiley & Sons, Hoboken, NJ, USA. 2016.

52. Goldenberg et al. »Probiotics for the prevention of pediatric antibiotic-associated diarrhea«. In: Cochrane Database Syst Rev. 2015;12:CD004827.

53. Milani et al. »Exploring Vertical Transmission of Bifidobacteria from Mother to Child«. In: Appl Environ Microbiol. 2015; 81: 7078-87.

54. Microbirth. Film und Unterrichtsserie 2017 (www.microbirth.com).

55. Dietert et al. »The Completed Self: An Immunological View of the Human-Microbiome Superorganism and Risk of Chronic Diseases«. In: Entropy. 2012;14: 2036-65.

56. Dietert et al. »Natural Childbirth and Breastfeeding as Preventive Measures of Immune-Microbiome Dysbiosis and Misregulated Inflammation«. In: Journal of Ancient Diseases & Preventive Remedies. 2013;1:103.

57. Jiménez et al. »Isolation of commensal bacteria from umbilical cord blood of healthy neonates born by cesarean section«. In: Curr Microbiol. 2005;51:270-4.

58. Aagaard K. »The Placenta Harbors a Unique Microbiome«. In: Science Translational Medicine. 2014;6:237ra65.

59. Romero et al. »The composition and stability of the vaginal microbiota of normal pregnant women is different from that of non-pregnant women«. In: Microbiome. 2014;2:4.

60. Koren et al. »Host remodeling of the gut microbiome and metabolic changes during pregnancy«. In: Cell. 2012;150:470-80.

61. El Aila et al. »Identification and genotyping of bacteria from paired vaginal and rectal samples from pregnant women indicates similarity between vaginal and rectal microflora«. In: BMC Infect Dis. 2009;9:167.

62. Mueller et al. »The infant microbiome development: mom matters«. In: Trends in Molecular Medicine. 2015;21:109-17.

63. Pedersen et al. »Antibiotics in Pregnancy Increase Children's Risk of Otitis Media and Ventilation Tubes«. In: The Journal of Pediatrics. 2017;183:153-58.

64. Frese et al. »Birth of the Infant Gut Microbiome: Moms Deliver Twice!«. In: Cell Host & Microbe. 2015:543-44.

65. Bäckhed F et al. »Dynamics and Stabilization of the Human Gut Microbiome during the First Year of Life«. In: Cell Host & Microbe. 2015;17:690-703.

66. Rutayisire et al. »The mode of delivery affects the diversity and colonization pattern of the gut microbiota during the first year of infants' life: a systematic review«. In: BMC Gastroenterol. 2016;16:86.

67. Stokholm et al. »Cesarean section changes neonatal gut colonization«. In: J Allergy Clin Immunol. 2016;138:881-89.

68. Sevelsted et al. »Cesarean section and chronic immune disorders«. In: Pediatrics. 2015;135:e92-8.

69. Aagard et al. »Una destinatio, viae diversae«. In: EMBO reports. 2016;17:1679-84.

70. Innis et al. »Human milk: maternal dietary lipids and infant development«. In: Proc Nutr Soc. 2007;66:397-404.

71. Yatsunenko et al. »Human gut microbiome viewed across age and geography«. In: Nature. 2012; 486:222-27.

72. Cabrera-Rubio et al. »The Human Milk Microbiome Changes over Lactation and Is Shaped by Maternal Weight and Mode of Delivery«. In: American Journal of Clinical Nutrition. 2012;3:544-51

73. Tannock et al. »Comparison of the compositions of the stool microbiotas of infants fed goat milk formula, cow milk-based formula, or breast milk«. In: Appl Environ Microbiol. 2013;79:3040-8.

74. Belkaid et al. »Role of the Microbiota in Immunity and Inflammation«. In: Cell 2014:121-41.

75. Chen et al. »A Prebiotic Formula Improves the Gastrointestinal Bacterial Flora in Toddlers«. In: Gastroenterology Research and Practice. 2016;2016:3504282.

76. Vendt et al. »Growth during the first 6 months of life in infants using formula enriched with Lactobacillus rhamnosus GG: double blind, randomized trial«. In: J Hum Nutr Diet. 2006;19:51-8.

77. Mutius E et al. »Farm living: effects on childhood asthma and allergy«. In: Nature Reviews. Immunology. 2010;10:861-8.

78. Tang M et al. »Long-term clinical and immunological effects of probiotic and peanut oral immunotherapy after treatment cessation«. In: Lancet. 2017;1(2):97-105.

79. Kalliomäki et al. »Probiotics in primary prevention of atopic disease: a randomized placebo-controlled trial«. In: Lancet. 2001;357:1076-9.

80. Ghouri et al. »Systematic review of randomized controlled trials of probiotics, prebiotics, and synbiotics in inflammatory bowel disease«. In: Clin Exp Gastroenterol. 2014 Dec 9;7:473-87.

81. Nanjundappa et al. »A Gut Microbial Mimic that Hijacks Diabetogenic Autoreactivity to Suppress Colitis«. In: Cell. 2017; 171:655-667.

82. Ford et al. »Efficacy of prebiotics, probiotics, and synbiotics in irritable bowel syndrome and chronic idiopathic constipation: systematic review and meta-analysis«. In: Am J Gastroenterol. 2014;109:1547-61.

83. Minalyan et al. »The Gastric and Intestinal Microbiome: Role of Proton Pump Inhibitors«. In: Curr Gastroenterol Rep. 2017;19:42.

84. Cryan et al. »Mind-altering microorganisms: the impact of the gut microbiota on brain and behaviour«. In: Nat Rev Neurosci. 2012;10:701-12.

85. Mayer et al. »Gut/brain axis and the microbiota«. In: J Clin Invest. 2015;125: 926-38.

86. Dinan et al. »Psychobiotics: A Novel Class of Psychotropic«. In: Biol Psych. 2013,74:720-26.

87. Sherwin et al. »Probiotics and Their Use in Inflammatory Bowel Disease Probiotics and Their Use in Inflammatory Bowel Disease«. In: Ann N Y Acad Sci. 2017 (Issue: The Year in Neurology and Psychiatry).

88. Tillisch et al. »Consumption of fermented milk product with probiotic modulates brain activity«. In: Gastroenterology. 2013;144:1394-401.

89. De Palma et al. »Transplantation of fecal microbiota from patients with irritable bowel syndrome alters gut function and behavior in recipient mice«. In: Sci Transl Med. 2017;9:379.

90. Tillisch et al. »Brain Structure and Response to Emotional Stimuli as Related to Gut Microbial Profiles in Healthy Women«. In: Psychosomatic Medicine. 2017;79:905-13.

91. Rea et al. »The microbiome: A key regulator of stress and neuroinflammation«. In: Neurobiol Stress. 2016;4:23-33.

92. Doherty et al. »Post-weaning social isolation of rats leads to long-term disruption of the gut microbiota-immune-brain axis«. In: Brain Behav Immun. 2017 Nov 6 [Epub ahead of print].

93. Hoban et al. »Regulation of prefrontal cortex myelination by the microbiota«. In: Transl Psychiatry. 2016;6:e774.

94. Berer et al. »Commensal microbiota and myelin autoantigen cooperate to trigger autoimmune demyelination«. In: Nature 2011;479:538-41.

95. Kang et al. »Microbiota Transfer Therapy alters gut ecosystem and improves gastrointestinal and autism symptoms: an open-label study«. In: Microbiome. 2017;5:10.

96. Akkasheh et al. »Clinical and metabolic response to probiotic administration in patients with major depressive disorder«. In: Nutrition, 2016;3:315-20.

97. Messaoudi et al. »Assessment of psychotropic-like properties of a probiotic formulation in rats and human subjects«. In: Br J Nutr 2011;5:755-64.

98. Venket et al. »A randomized, double-blind, placebo-controlled pilot study of a probiotic in emotional symptoms of chronic fatigue syndrome«. In: Gut Pathog. 2009;1:6.

99. Kato-Kataoka et al. »Fermented milk containing Lactobacillus casei strain Shirota prevents the onset of physical symptoms in medical students under academic examination stress«. In: Benef Microbes. 2016;7:153-6.

100. Schmidt K et al. »Prebiotic intake reduces the waking cortisol response and alters emotional bias in healthy volunteers«. In: Psychopharmacology. 2015;232:1793-801.

101. Silk et al. »Clinical trial: the effects of a trans-galactooligosaccharide prebiotic on faecal«. In: Aliment Pharmacol Ther. 2009;29:508-18.

102. Conlon and Bird. »The impact of diet and lifestyle on gut microbiota and human health«. In: Nutrients. 2014;7:17-44.

103. Gibson and Roberfroid. »Dietary modulation of the human colonic microbiota: introducing the concept of prebiotics«. In: J Nutr. 1995;125:1401-12.

104. Hutkins et al. »Prebiotics: why definitions matter«. In: Curr Opin Biotechnol. 2016; 37:1-7.

105. Bindels et al. »Towards a more comprehensive concept for prebiotics«. In: Nat Rev Gastroenterol Hepatol. 2015;12:303-10.

106. Gibson et al. »Expert consensus document: The International Scientific Association for Probiotics and Prebiotics (ISAPP) consensus statement on the definition and scope of prebiotics«. In: Nat Rev Gastroenterol Hepatol. 2017;14:491-502.

107. Roberfroid. »Inulin-type fructans: functional food ingredients«. In: J Nutr. 2007;137(11 Suppl):2493S-2502S.

108. Moshfegh et al. »Presence of inulin and oligofructose in the diets of Americans«. In: J Nutr. 1999;129(7 Suppl):1407S-11S.

109. Macfarlane et al. »Bacterial metabolism and health-related effects of galacto-oligosaccharides and other prebiotics«. In: Journal of applied microbiology 2008;104:305-44.

110. Johnson et al. »Lentil (Lens culinaris L.): A prebiotic-rich whole food legume«. In: Food Research International 2013;51:107-113.

111. Gibson et al. »Dietary prebiotics: Current status and new definition«. In: Food Science & Technology Bulletin Functional Foods 2010;7:1-19.

112. Umu et al. »Modulation of the gut microbiota by prebiotic fibres and bacteriocins«. Microb Ecol Health Dis. 2017;28:1348886.

113. Elli et al. »Evaluation of prebiotic potential of refined psyllium (Plantago ovata) fiber in healthy women«. In: J Clin Gastroenterol. 2008;42 Suppl:S174-6.

114. Bird et al. »Resistant starch, large bowel fermentation and a broader perspective of prebiotics and probiotics«. In: Benef Microbes. 2010;1:423-31.

115. Zaman & Sarbini. »The potential of resistant starch as a prebiotic«. In: Crit Rev Biotechnol. 2016;36:578-84.

116. Englyst et al. »Classification and measurement of nutritionally important starch fractions«. In: Eur J Clin Nutr. 1992;46 Suppl 2:S33-50.

117. Singh et al. »Influence of diet on the gut microbiome and implications for human health«. In: J Transl Med. 2017;15:73.

118. Anhê et al. »Triggering Akkermansia with dietary polyphenols: A new weapon to combat the metabolic syndrome?«. In: Gut Microbes. 2016;7:146-53.

119. Lopes et al. »Bioconversion of Isoflavones into Bioactive Equol: State of the Art«. In: Recent Pat Food Nutr Agric. 2016;8:91-98.

120. Yuan et al. »Metabolism of dietary soy isoflavones to equol by human intestinal microflora-implications for health«. In: Mol Nutr Food Res. 2007;51:765-81.

121. Slavin. »Fiber and prebiotics: mechanisms and health benefits«. In: Nutrients. 2013;5:1417-35.

122. Pryde et al. »The microbiology of butyrate formation in the human colon«. In: FEMS Microbiol Lett. 2002;217:133-9.

123. Bourassa et al. »Butyrate, neuroepigenetics and the gut microbiome: Can a high fiber diet improve brain health?«. In: Neurosci Lett. 2016;625:56-63.

124. Bergman EN. »Energy contributions of volatile fatty acids from the gastrointestinal tract in various species«. Physiol Rev. 1990;70:567-90.

125. Jenkins et al. »Inulin, oligofructose and intestinal function«. In: J Nutr. 1999;129:1431S-3S.

126. Halmose et al. »Consistent Prebiotic Effect on Gut Microbiota With Altered FODMAP Intake in Patients with Crohn's Disease: A Randomised, Controlled Cross-Over Trial of Well-Defined Diets«. In: Clin Transl Gastroenterol. 2016;7:e164.

127. Smug et al. »Yoghurt and probiotic bacteria in dietary guidelines of the member states of the European Union«. In: Benef Microbes. 2014;5:61-6.

128. EFSA, Dr Valeriu Curtui. EFSA assessment of health claims on probiotics. IPA world Congress and Probiota America, 31 maj-2 juni, Chicago, USA.

129. Stage M. »Arla vil udvikle probiotika til ældre og syge«. In: Ingeniøren, 18. Mai 2016.

130. Farnworth & Mainville. »Kefir – a fermented milk product«. S. 89-128. In: E Farnworth (ed). Handbook of Fermented Functional Foods (Second ed.), CRC Press, Boca Raton, Florida, USA, 2008.

131. Van de Water & Naiyanetr. »Yoghurt and immunity: the health benefits of fermented milk products that contain lactic acid bacteria«. S.89-128. In: E Farnworth (ed). Handbook of Fermented Functional Foods (Second ed.), CRC Press, Boca Raton, Florida, USA, 2008.

132. Evenstein EM. »Use of kefir for stimulation of gastic secretion and acid-formation in patients with pulmonary tuberculosis«. In: Probl Tuberk. 1978;2:82-4.

133. Holzapfell et al. »Sauerkraut«. S. 395-412. In: E Farnworth (ed). Handbook of Fermented Functional Foods (Second ed.), CRC Press, Boca Raton, Florida, USA, 2008.

134. Stratton et al. »Biogenic Amines in Cheese and other Fermented Foods: A Review«. In: Journal of food protection. 1991:54;460-470.

135. Maintz & Novak. »Histamine and histamine intolerance«. In: Am J Clin Nutr. 2007;85:1185-96.

136. E-Mail-Korrespondenz mit Grete Møller, Verbraucherberaterin, ARLA. 14. Aug. 2017.

137. Parker et al. »Probiotics and Disease: A Comprehensive Summary-Part 2, Commercially Produced Cultured and Fermented Foods Commonly Available in the United States«. In: Integr Med (Encinitas). 2016 Dec;15(6):22-30.

138. Scourboutakos et al. »Mismatch between Probiotic Benefits in Trials versus Food Products«. In: Nutrients 2017;9:400.

139. Rafie et al. »Kefir and Cancer: A Systematic Review of Literatures«. In: Arch Iran Med. 2015;18:852-7.

140. Zhang et al. »Screening of Probiotic Activities of Lactobacilli Strains Isolated from Traditional Tibetan Qula, A Raw Yak Milk Cheese«. In: Asian-Australas J Anim Sci. 2016;29:1490-9.

141. Ibrahim et al. »Probiotics and immunosenescence: cheese as a carrier«. In: FEMS Immunol Med Microbiol. 2010;59:53-9.

142. Lee et al. »Starter cultures for kimchi fermentation«. In: J Microbiol Biotechnol. 2015;25:559-68.

143. Jeong et al. »Microbial succession and metabolite changes during long-term storage of Kimchi«. In: J Food Sci. 2013;78:M763-9.

144. Park & Cheigh. »Kimchi«. In: Hui et al. (eds): Handbook of food and beverage fermentation technology. 2004. Marcel Dekker, New York, USA.

145. Surh et al. »Korean fermented foods: kimchi and doenjang«. S. 333-352. In: E Farnworth (ed). Handbook of Fermented Functional Foods (Second ed.), CRC Press, Boca Raton, Florida, USA, 2008.

146. Minamiyama & Okada. »Miso: Production, properties, and benefits to health«. S. 321-332. In: E Farnworth (ed). Handbook of Fermented Functional Foods (Second ed.), CRC Press, Boca Raton, Florida, USA, 2008.

147. Plengvidhya et al. »DNA fingerprinting of lactic acid bacteria in sauerkraut fermentations«. In: Appl Environ Microbiol. 2007;73:7697-702.

148. http://frida.fooddata.dk. Besuch der Seite: 1. Oktober 2017.

149. Brøndum, Engell & Borbye Pedersen. Tarme i topform. Politikens forlag & i form, Kbh V, Danmark. 2016.

150. http://www.umm.edu/health/medical/altmed/supplement/Lactobacillus-acidophilus.

151. Saavedra et al. »Long-term consumption of infant formulas containing live probiotic bacteria: tolerance and safety«. In: Am J Clin Nutr. 2004;79:261-7.

152. Szajewska & Chmielewska. »Growth of infants fed formula supplemented with Bifidobacterium lactis Bb12 or Lactobacillus GG: a systematic review of randomized controlled trials«. In: BMC Pediatr. 2013;13:185.

153. Saavedra et al. »Feeding of Bifidobacterium bifidum and Streptococcus thermophilus to infants in hospital for prevention of diarrhoea and shedding of rotavirus«. In: Lancet 1994;344:1046-9.

154. Hafström et al. »A vegan diet free of gluten improves the signs and symptoms of rheumatoid arthritis: the effects on arthristis correlate with a reduction in antibodies to food antigens«. In: Rheumatology (Oxford), 2001;40:1175-9.

155. James et al. »Fish oil and rheumatoid arthritis: Past, present and future«. In: Proceedings of the Nutrition Society 2010;69:316-323.

156. Adam et al. »Anti-inflammatory effects of a low arachidonic acid diet and fish oil in patients with rheumatoid arthritis«. In: Rheum. Intl. 2003;23:27-36.

157. Koerbele et al. »Curcumin blocks prostaglandin E2 biosynthesis through direct inhibition of the microsomal prostaglandin E2 Synthase-1«. In: Mol Cancer Ther. 2009;8:2348-55.

158. Tjendraputra et al. »Effect of ginger constituents and synthetíc analogues on cyclooxygemase-2 enzymes in intact cells«. In: Boiorg Chem 2001;29:156-163.

159. Devaraj et al. »High-fat, energy-dense, fast-food-style breakfast results in an increase in oxidative stress in metabolic syndrome«. In: Metabolism. 2008;57:867-70.

160. Martinez-Gonzáles et al. »Adherence to Mediterranean diet and risk of developing diabetes: prospective cohort study«. In: BMJ. 2008;336:1348-51.

161. Barclay et al. »Glycemic index, glycemic load, and chronic disease risk – a metanalysis of observational studies«. In: Am J Clin Nutr. 2008;87:627-37.

162. Auborn et al. »Indole-3-carbinol is a negative regulator of estrogen«. In: J Nutr. 2003;133:2470S-2475S.